KB204181

기
도
문
필
사
시
리
즈
1

70일 기도문 필사 노트 1

- 하나님 앞에서 사는 그리스도인 -

세움북스는 기독교 가치관으로 교회와 성도를 건강하게 세우는 바른 책을 만들어 갑니다.

기도문 필사 시리즈 1

70일 기도문 필사 노트 1

하나님 앞에서 사는 그리스도인

초판 1쇄 발행 2021년 08월 25일
초판 4쇄 발행 2025년 01월 25일

지은이 | 배태진
펴낸이 | 강인구
펴낸곳 | 세움북스

등 록 | 제2014-000144호
주 소 | 서울시 종로구 대학로 19 한국기독교회관 1010호
전 화 | 02-3144-3500
팩 스 | 02-6008-5712
이메일 | holy-77@daum.net

교 정 | 류성민
디자인 | 참디자인

ISBN 979-11-91715-06-4 (03230)

* 이 책은 신저작권법에 의하여 국내에서 보호를 받는 저작물입니다.
  출판사와의 협의 없는 무단 전재와 무단 복제를 엄격히 금합니다.

* 책값은 뒤표지에 있습니다.

* 잘못된 책은 교환하여 드립니다.

70일
기도문
필사
노트

1

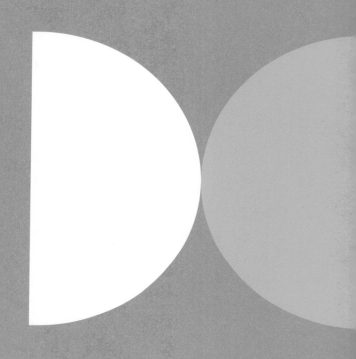

기도문 필사 시리즈 1

세움북스

Preface

기도문을 쓰던 당시, 제 글이 책으로 나오리라고 생각하지 못했습니다. 저는 그리 대단한 사람이 아니기 때문입니다. 그저 아이를 키우면서 기저귀 똥 냄새를 힘들어 하는 평범한 가장이며, 이것저것 빠뜨리는 것 많은 부족한 전도사입니다. 그래서 제 기도문에는 평범한 그리스도인의 평범한 고민이 담겨 있습니다. 주님을 따르고 싶으나 그러지 못하는 부족함도 기도문에 가득합니다.

개인의 기도문을 세상에 꺼낸다는 것은 굉장히 두려운 일입니다. 이 일로 저는 하나님 앞에 더 많은 책임을 져야할지 모릅니다. 책에 담은 이상, 상업성 역시 전혀 배제할 수 없게 되어 마음이 무겁습니다. 무엇보다 큰 부담은 제가 이러한 기도문을 담을 만한 그릇이 아닌 것에 있습니다. 이 기도문의 저자도 이것을 읽으시는 분과 동일한 성정을 가진 연약한 자임을 부디 염두에 두시길 부탁드립니다.

세움북스의 출간 제안을 받은 뒤 여러 염려가 있었지만 책을 출간하기로 마음먹었습니다. 무엇보다 기도를 기록함의 유익이 세상에 전해지길 원했습니다. 기도문 기록의 유익은 제 자신이 경험해온 바입니다. 기도를 기록하면서 기도하는 내용을 스스로 정리하며 다음 내용을 이어갈 수 있었습니다. 허공의 말이 아닌 분명한 언어를 사용해서 기도할 수 있었습니다. 그래서 어떤 기도를 드리고 있는지 구체적 확인이 가능했고, 그 내용을 보관할 수도 있었습니다. 이전에 기록한 기도문을 다시 읽을 때는 큰 위로와 기쁨도 주어졌습니다. 주님 앞에 애쓰며 살아간 제 자신에 대한 격려도 되었고, 당시 제 영적 상태를 가늠해 볼 수도 있었습니다.

뒤늦게 알게 된 것은 기도문 기록의 유익을 말한 사람이 저뿐만이 아니라는 사실입니다. 팀 켈러는 『기도』에서 "습관이 붙을 때까지 이런 기본 구조를 좇아 하나님께 드리는 간구를 일기장에 적는 훈련도 성숙한 기도를 연습하는 좋은 방법이 된다."[1]라고 말했습니다. 또 팀 켈러는 "기도문을 따라 간구하는 방식을 장려하는 면에서는 종교개혁의 전통을 따른다."[2]고 하면서, '경험'과 '성경'을 따라 드리는 기도문 기록이 유용하다는 존 오웬의 말을 예로 듭니다. 오웬의 이야기를 좀 더 끌어가서 그가 말하는 기도문 기록의 유익함을 "마음을 움직여서 스스로 기도하도록 자극하고 올바른 방향으로 이끌어가는 구실을 한다."[3]라고도 정리합니다.

그동안 저는 기도가 무엇이고 어떻게 기도해야 하는지 묻는 성도님들을 많이 만났습니다. 부족한 저의 기도이지만 이들의 기도를 돕고 동역할 수도 있겠다고 생각했습니다. 중고등학생들이나 청년 그리스도인들은 기도의 내용과 형식이 어떻게 이루어져야 하는지 궁금해 하기도 했습니다. 기도에 이미 열정과 연륜이 있는 분들은 이 기도문을 보실 때 영적 연대의 기쁨이 있지 않으실까도 싶었습니다. 우리는 서로 다른 그리스도인들이지만 한 분 하나님을 섬기며 그분과 교제하는 공통적 경험을 하면서 살아가기 때문입니다. 그밖에, 신앙이 부모 세대에서 자녀 세대로 이어지길 소원하는 신앙의 가정들에도 이 책이 유용할 거라 생각했습니다. 자녀가 하나님을 의지해 하루하루 살아가도록 신앙의 전수를 기대하는 가정들 말입니다. 그런 가정에서 이 책은 아이들과 소개된 찬양을 한 곡 부르고 성경을 읽은 후에 다 같이 기도하는 '매일 가정 예배 순서지'로 활용될 수도 있습니다.

『70일 기도문 필사 노트』는 '응답받는 기도의 비결'을 소개하지 않습니다. 그래서 누군

---

1 팀 켈러, 『기도』(서울: 두란노, 2017), p. 276. 한편 팀 켈러는 28-29쪽에서 '오코너(Flannery O'connor)의 말로 기도를 쓰는 것의 한계도 소개합니다. "기도는 이처럼 사전에 어떤 의도를 가지고 기획할 수 있는 성질의 행위가 아니다." (이것은 팀 켈러의 말이 아닌 오코너의 말입니다.) 그리고 저 역시 이에 어느 정도 동의합니다. 기도문 기록이 기도의 전부는 아니기 때문입니다. 저는 오코너의 말을, 기도문을 기록하고 필사하면서도 우리가 메마른 심령이 될 수 있다는 것에 대한 경고로 삼습니다. 그리고 또 다른 확신으로 기도문 필사는 분명히 우리 그리스도인들에게 큰 도움이 된다는 입장을 견지합니다. 기도문 필사는 기도를 배우는 데 도움을 줄 뿐만 아니라 직접 하나님 앞에 기도하며 나아가는 것 자체에도 큰 유익이 있기 때문입니다. 팀 켈러 역시 오코너를 소개한 챕터에서 그 마지막 내용을 "그러므로 기도는 배워야 한다. 여기엔 선택의 여지가 없다."(37쪽)라고 말합니다. 그리고 276쪽에서 인용한 바와 같이 성숙한 기도를 훈련하도록 돕는 데 기도문 쓰는 것의 유익을 제시합니다.

2 팀 켈러, 『기도』, p. 338.

3 팀 켈러, 『기도』, p. 339.

가에게 이 책은 그냥 '신앙 고백적 기도문'에 그칠지도 모릅니다. 그러나 저는 이 책이 다음의 두 가지 유형 사이에 있다고 생각합니다. 앞서 말한 팀 켈러의 『기도』라는 책과 청교도의 기도 모음집인 『기도의 골짜기』(복 있는 사람)가 그것들입니다. 두 책 모두 관심있는 분들께는 잘 알려졌습니다. 전자는 기도가 추구하는 본질과 그로 인한 기쁨을 잘 안내해 줍니다. 현대판 '기도 이론서'입니다. 후자는 영혼 깊은 곳에서 끄집어 낸 것 같이, 가슴을 울리는 과거 목회자들의 짧막한 '기도문'들로 구성됐습니다. 전자의 유형은 그 이론에 따른 기도의 실제적 내용이 어떻게 되는지에 대한 갈증을 일으킵니다. 그리고 후자의 유형은 오래 되었다는 것이 나름의 의미가 있지만 현대를 사는 우리에게 조금은 거리감이 느껴질 수 있습니다. 저는 위 책들의 유형이 갖는 장점에 더해 이 책을 옆에 같이 두는 것도 나쁘지 않다고 생각합니다. 누군가에게는 이 책이 충분히 현대적이고 간결하면서도 그 내용에 있어서는 결코 가볍지 않은 책이 되길 바랍니다.

이 책이 누군가에게 도움이 된다면 주님께 그 모든 영광을 올려드립니다. 그리고 책 출판을 위해 수고해 주신 분들께 감사를 드리며, 특별히 재민이 부모님께 감사를 전합니다. 제 기도문 시리즈 세 번째로 나올 책(소아 뇌종양 재민이를 위한 기도[가제])을 집필할 수 있도록 해주셨기 때문입니다. 재민이는 제 담당 부서 학생이었고 3년 전 소아 뇌종양으로 67일 간의 짧은 투병 기간을 마치고 세상을 떠난 아이입니다. 그때 저는 재민이를 위해 60일 간 기록하는 기도문을 이어갔는데 이것이 본 기도문 시리즈의 출발이 되었습니다. 시리즈 상으로는 나중이 되었지만 재민이를 위한 기도에 이어 나머지 기도문도 쓸 수 있었습니다. 재민이를 위한 기도문 작성이 저의 본격적인 기도 필사 습관이 되었습니다. 그리고 재민이 부모님은 기꺼이 그리고 흔쾌히 재민이 기도문의 출판도 격려해 주셨습니다.

주님께서 기도문을 공유하는 저에게 긍휼을 베풀어 주시길 원합니다. 동시에 부족한 이의 기도문을 필사하는 분들의 심령에 기도의 불씨가 타오르는 역사가 있기를 원합니다. 이 책을 사용하면서 저자와 같은 마음으로 기도할 모든 그리스도인들에게 주님께서 풍성한 은혜와 거룩한 평안이 넘치게 해 주시기를 간절히 소망합니다.

Prologue

책 사용법

우리 그리스도인들은 거룩한 습관을 만들기 위해 힘써야 합니다(딤전 4:7-8). 그리스도인 부모로서 자녀에게 가르쳐야 할 가장 중요한 일도 이들이 경건한 습관을 갖도록 하는 것입니다(신 6:7-9). 그렇다면 그리스도인의 좋은 습관은 어떻게 만들어질까요? 사람에게 어떤 습관이 생기려면 66일이 걸린다고 합니다. 66일 동안 특정 행동을 반복하면 습관이 되고 또 일상이 된다는 말이죠. 그런 점에서 저는 66일에 4일을 더한 70일(10주) 동안, 우리 교회학교 학생들이나 성도님들 또는 신앙의 가정에서 영적 행동을 매일 반복하도록 하는 프로젝트가 있다면 의미가 있겠다는 생각을 했습니다.

이 책은 70일(10주) 동안 우리가 기도 습관을 갖도록 도와주려는 목적으로 만들어졌습니다. 물론 교회에서 제자반이나 양육 프로그램이 10주로 진행되는 경우가 많습니다. 그러나 그리스도인은 일주일에 한 번이 아닌 날마다 은혜를 누려야 하고 거룩한 습관을 가지고 살아야 합니다. 그런 점에서 이 책은 70일(10주) 동안 '매일' 기도로 하나님 앞에 나아갈 수 있도록 구성되었습니다. 양이 너무 많지도 않고 내용도 그리 부담스럽지 않습니다. 기도를 기도로 배우고 싶은 교회학교 학생들에서 청년과 장년에 이르기까지, 또는 온 가족이 모인 가정 예배에서도 함께 사용할 수 있습니다.

교회의 새가족반이나 양육 프로그램에서도 이 책을 부교재로 사용할 수 있을 것입니다. 담당자가 구성원들에게 이 책의 내용을 하나씩 매일 필사하도록 제안하면 됩니다. 기도가 어려운 분들은 기도 필사를 하면서 서서히 영적 습관을 형성할 수 있습니다. 이미 성숙한 그리스도인들 또한 날마다 은혜를 구하는 삶으로 나아갈 수 있습니다.

기도문 시리즈 1권과 2권은 서로 다른 흐름으로 이루어집니다. 1권에서 70일(10주) 동안 기도하신 분들은 조금 더 심화된 내용으로 2권에서도 같은 분량을 한 번 더 기도할 수 있도록 했습니다. 1권을 통해서 '하나님 앞에서 사는 그리스도인'으로 살아가고 2권을 통해서 '하나님의 성품'을 닮아가는 과정이 될 것을 바랐습니다. 교회에서는 일 년 중 상반기에 1권을, 하반기에 2권을 각각 양육 프로그램 부교재로 사용할 수 있습니다.

1권에서 나타나는 기본적인 기도의 방향성은 '날마다 주어진 삶에서 자신을 돌아보고 하나님께 진실한 기도로 나아감'입니다. 그래서 책의 시작은 '일상 묵상'으로 하나님 앞에 나아가 하루를 '돌아봄'입니다. 다음으로는 자신과 이웃의 필요를 구하는 '간구와 도고[4]'가 이어집니다. 기도가 진행되면서 우리 마음을 가장 많이 쏟아내는 지점입니다. 마음이 어려운 때 이 필사를 통해 주님의 깊은 위로와 큰 사랑을 경험하시길 바랍니다. 마지막으로는 '구원에 대한 반응(감사)'과 '찬양'입니다. 우리는 기도를 근심 가운데 마치지 않기 때문입니다. 그런 점에서 기도의 맺음이 감사와 찬양임은 자연스럽습니다.

요컨대, '일상 묵상', '돌아봄', '간구와 도고', '구원에 대한 반응(감사)', '찬양'입니다. 1) 일상 속의 우리 자신을 돌아보며 기도를 시작하고 2) 나와 이웃의 도움과 필요를 구하는 간구와 도고로 나아가서 3) 구원에 대한 감사와 찬양으로 기도를 마침입니다. 기도를 주제별로 분류하는 것에는 다양한 방식이 있겠지만 저는 이 같은 것들은 거의 빼놓지 않고 등장한다고 보았습니다.[5]

관련하여 그리스도인에게 가장 중요한 기도의 모범인 주기도문을 떠올려봅니다. "하늘에 계신 우리 아버지여"부터 "뜻이 이루어지이다."까지입니다. 우리는 이 도입부에서 기도는 하나님께 초점을 두고 시작함을 알게 됩니다. 챕터 상으로 주기도문의 도입부 내

---

4 남을 위해 하는 기도로 '중보 기도'와 '도고 기도'가 있습니다. 우리가 그 뜻을 섞어서 쓰기도 하는 말입니다. 하지만 신학적으로 두 가지는 구별해야 합니다. 전자는 우리를 위하여 하나님께 드리는 예수님의 기도를, 후자는 남을 위하여 우리 자신이 드리는 기도를 뜻하기 때문입니다. 그러나 이 책에서는 도고라는 말이 익숙하지 않은 분을 고려하여 '도고(중보) 기도'라고 표현한 점을 양해 바랍니다.

5 한편 다른 것과 달리 '일상 묵상'이라는 주제만큼은 오늘날의 시대적 요청으로 생각하여 추가했습니다. 더불어 '일상 묵상' 기도문을 적는 당시 팀 켈러의 『일과 영성』(서울: 두란노, 2016)이라는 책을 보았음도 밝힙니다. 책 내용을 직접적으로 참고하지는 않았지만 책에서 얻은 통찰이 '일상 묵상' 기도문 곳곳에 반영되었을 수 있기에 소개합니다.

용을 '하나님 앞에서 사는 그리스도인'이 하는 기도의 전제로 삼았고, 부득이 1권에서 따로 다루지는 않았습니다. 중요하지 않아서 다루지 않은 것은 아닙니다. 오히려 하나님께 초점을 두는 챕터 구성은 다음 책으로 따로 떼어 아예 2권의 전체('하나님의 성품을 닮아가는 그리스도인')를 구성하도록 했습니다. 그래서 1권에서는 우리가 하나님 앞에 나아가는 것을 기도의 일반적인 이해로 생각해서, 주기도문의 도입부 뒤로 이어지는 내용과는 그 챕터 구성이 연결될 수 있게 했습니다. 그렇다면 이어지는 주기도문의 내용도 이와 같이 하나씩 떠올려볼 수 있을 것입니다. 매일의 양식을 구하며 일상 속에서 주님의 도우심을 바라는 '일상 묵상', 우리의 죄에 대한 고백을 하는 '돌아봄', 그 죄를 용서해 주시길(그리고 시험에 빠지지 않고 악에서 구하시도록) 구하는 '간구', 우리가 이웃의 죄를 용서하겠다는 다짐으로서의 '도고', 그리고 마지막으로 아버지의 영광을 기원하는 '감사 찬양'입니다.

솔직히 말하자면, 이 배열은 기도문을 만들 때부터 이루어지지는 않았습니다. 하지만 구성 자체도 메시지가 되도록 처음부터 끝까지의 순서를 의도적으로 새롭게 짰습니다. 이를 통해 주기도문과 우리가 매일 드리는 기도 형식, 그리고 책의 구성이 닮게 했습니다.

이와 같은 흐름으로 1권을 순서대로 필사하고 2권으로 이어가길 권합니다. 그렇게 할 때 책을 구성한 이의 의도를 이해하면서, 책의 안내도 자연스럽게 따르게 될 수 있기 때문입니다. 하지만 개인의 필요에 의해 주제에 따른 필사도 가능합니다. 사실 각각의 기도문이 주제별로 엄격한 구별을 갖고 있는 것은 아닙니다. 그렇기에 필요한 부분을 찾아 먼저 진행한다면, 이어서 또 다른 필요에 따라 나머지를 필사할 수도 있습니다.

모든 기도문마다 필사를 진행할 때 함께 하면 좋은 '찬양'을 복음성가와 찬송가 한 곡씩으로 소개했습니다. 제안을 받은 것도 있지만 대체로 저자의 주관적 견해에 따라 담은 찬양들입니다. 이 또한 참고가 되셔서 기도와 찬양이 풍성한 필사 시간이 되기를 바랍니다.

함께 보면 좋은 '성경'은 기도를 안내하는 것은 성경이라는 믿음으로 소개했습니다. 짧은 말씀 묵상을 곁들인 기도문 필사 시간이 진행되도록 하기 위함입니다. 그러나 성경 구절에 대한 자세한 안내가 소개되어 있지는 않습니다. 본 책의 목적이 성경 구절을 중심으로 기도를 배우기보다 기도문 그 자체로 기도를 배우는 데 있기 때문입니다. 성경은 모두

개역개정 성경을 인용했습니다.

'묵상'은 매일 기도문마다 마지막으로 포함된 코너입니다. 이는 찬양과 성경 묵상 그리고 기도까지 마친 분들이 추가적으로 생각해 볼 수 있도록 저자의 '한 구절 묵상 메모장'에서 발췌한 내용입니다. 이 문구들은 기도문을 작성했던 시점과 비슷한 시기에 별도로 작성되었습니다. 기도문의 내용과 연결해서 생각해 볼 수도 있고, 모든 기도와 말씀 묵상을 마친 뒤 가볍게 읽고 지나가도 좋습니다.

그리고 각 챕터마다 '필사를 위한 묵상'이 있습니다. 주로 기도에 관한 저자의 일화입니다. 필사 노트에 굳이 '필사를 위한 묵상'을 넣은 이유가 있습니다. 이는 저자가 기도문을 쓸 당시 구체적 정황을 독자들은 자세히 알지 못하기 때문입니다. 저자의 삶과 묵상을 나눔으로써 여러분의 기도와 필사에 조금이나마 도움을 드리고 싶었습니다. 물론, 독자들이 나름대로 기도의 정황을 자기 상황에서 생각할 수도 있을 것입니다. 그러나 저는 기도가 지나치게 추상적이 되지는 않을까 우려했습니다. 추상적인 내용을 보면서 저자의 기도도, 필사자 자신의 기도도, 그 누구의 기도도 아닌 것이 될까 걱정되었습니다. 그래서 필사를 하시는 분들께 기도문 저자에 대한 추가적인 정보를 제공하고자 했고, 기도문을 적는 이의 심정에 좀 더 다가가 필사 내용에 몰두할 수 있도록 했습니다. 이렇게 하여 궁극적으로는 저자의 기도에서 필사자의 기도로 나아가길 바랐습니다. 기도문 저자에 대한 힌트가 너무 많으면 오히려 필사자 자신의 기도로 나아가지 못할 수 있습니다. 분량도 지나치게 방대해질 것이고요. 그래서 저자는 '묵상'과 '필사를 위한 묵상', 두 코너가 필사자 본인의 기도로 나아가도록 안내하기에 충분하다고 생각합니다.

시편은 모든 시대에 사랑을 받아 왔습니다. 이것은 시편이 쓰이던 당시의 역사적 정황을 우리가 자세히 알지 못해도 그 내용이 어떤 시대나 또 누구에게나 적용될 수 있는 보편성을 지녔기 때문입니다. 때로 시편의 시인은 아주 추상적인 장면을 그림 그리듯 보여 주지만 우리는 그것을 우리의 삶에 적용하기도 합니다. 저는 이 책에서 만나는 추상적인 내용에 대한 자세도 그러하기를 바랍니다. 그래서 이 책이 시편과 같은 이유로 사랑 받기를 바랍니다. 그러고 보니 이 책도 시편과 같이 짧고 함축적인 각각의 내용이 다섯 챕터로 구

성되어 있습니다.[6]

　이처럼 매일의 '기도문' 필사를 하시면서 '찬양', '성경', '묵상' 그리고 '필사를 위한 묵상'을 곁들여 70일(10주) 동안 이 책을 사용하면 됩니다. 가정 예배로 드려질 경우 저자가 제안하는 진행 순서는 아이들과 함께 '찬양'하고 '성경'을 읽은 뒤, 다 함께 '기도문'을 읽거나 필사하는 것입니다. '묵상'이나 '필사를 위한 묵상'은 선택에 따라 추가적으로 활용할 수도 있습니다.

　부디 1권을 가지고 '하나님 앞에서 사는 그리스도인'으로 매일 기도하며 나아가는 데 승리하시길 바랍니다. 그리고 2권 '하나님의 성품을 닮아가는 그리스도인' 필사로 또 만나 뵐 수 있길 기대합니다.

6　우리가 보는 성경의 시편은 총 다섯 권으로 이루어져 있습니다. 각각 1–41편, 42–72편, 73–89편, 90–106편, 107–150편입니다.

01

일상
묵상

하나님 앞에서 사는
그리스도인

"주님, 제가
어떻게 해야 하나요?"

제가 고등학교 때 일입니다. 우리 학교는 형식상 기독교 학교였습니다. 한 달에 한 번 수요일 1교시를 예배 시간으로 드렸습니다. 우리 학교 교목님은 때마다 반별로 하나씩 있는 대형 TV에 방송 출연을 하셨죠. 항상 기도로 시작해서 기도로 끝내셨습니다. 꿋꿋하게 1교시 내내 예배를 인도하셨습니다. 다만 그것은 형식적일 뿐이었습니다. 드리는 이를 찾아보기 어려운 예배가 방송으로만 틀어져 있었습니다.

어느 날 예배 때는 불신자인 담임 선생님께서 제게 물으셨습니다. "태진아, 선생님이 이 TV 좀 꺼야 할 것 같다. 괜찮겠지?" 이것은 제가 이 반의 유일한 기독교인이라고 생각하시고 한 질문이셨습니다. 선생님은 종교에 관심이 없으셨고 때론 방송을 크게 불편해 하셨습니다. 그날 선생님은 듣는 이가 거의 없는 예배 방송마저도 끄기 원하셨습니다.

지금도 그때가 생각납니다. 공부하던 모든 친구들이 선생님 말씀이 마치고서 한 마음으로 저를 쳐다본 기억이 있습니다. 더 좋은 자습실 분위기 구축을 위해 기대하는 눈빛으로 저를 바라봤지요. 저는 그 상황을 못 이기고 "네."라는 짧은 대답을 할 수밖에 없었습니다. 하지만 이내 드려지던 예배의 화면이 꺼지자, 제 마음이 불편했던 기억이 납니다.

지금 생각해 보니 그리스도인은 이런 상황을 언제든지 만날 수 있다는 생각이 듭니다. 기독교인으로서의 나라는 존재가 세상에 불편을 주고 있다는 가책, 바라보는 시선 때문에 정해진 대답을 할 수밖에 없는 상황, 애매모호한 순간을 모면하고 싶은 긴장감, 그러나 주님 앞에 부끄러운 말과 행동, 다시 생각해도 가슴이 콩닥거리는 순간들 말입니다. 이럴 때 머릿속은 온통 이 생각뿐입니다. '주님, 제가 잘 한 것입니까? 아니면 안 된다고 하는 게 맞았을까요? 그럴 수밖에 없었던 건 아닌가요?'

그때 저는 선생님께 긍정의 대답을 한 자신이 부끄러웠습니다. 하지만 더 이상 어쩔 수 없었습니다. 혼자서 드리던 예배를 마치는 것이 제가 할 수 있는 유일한 일이었습니다. 그래서 아무도 예배하지 않는 교실 한 복판에서 성경책을 펴고 말씀을 읽으며 혼자 기도했습니다. "아무도 예배하지 않는 그곳에서 나는 예배하리라"는 찬양을 떠올렸던 걸까요?

그런데 그때, 옆에 있던 한 친구가 저의 예배하는 광경을 흥미롭게 봤나봅니다. 그리고는 이렇게 말했습니다. "태진아, 혼자서도 열심히 예배하네? 나 이번 시험 잘 볼 수 있게 해 달라고도 하나님께 기도 좀 해 줘." 그 친구는 교회를 다니지 않는 친구였습니다. 그런데 중요한 시험을 앞두고는 그 후에도 기도 부탁을 하고 갔습니다. 수능 시험 때는 다른 반에서 저희 반까지 찾아와서 기도 요청을 했습니다.

당시 기도 부탁한 친구를 위해서 기도하는 제 가슴은 왠지 모르게 들뜨고 신이 났습니다. 제가 그 친구에게 위선자로 보이지 않았다는 기쁨 때문인지, 그 친구가 제 기도를 믿어준 것이 고마워서인지, 아니면 저를 통해 그 친구가 주님이 계신다고 생각했을 것에 대한 보람 때문인지 잘 모르겠지만 말입니다. 아무튼 그것은 분명히, 저에게는 그야말로 묘하고 복합적인 기쁨의 감정이었습니다.

그 후에도 그리스도인으로 살면서 제 마음을 어지럽게 하는 상황이 많이 있었습니다. 제 자신이 부끄러운 적도, 그래서 제 행동을 후회한 적도 많습니다. 기독교인은 위선자여서는 안 된다고 생각했는데, 저 자신을 위선자라고 자책도 했습니다. 그렇다고 똑같은 상황으로 돌려놓는다면 어떻게 할 수 있을지 어떤 '뾰족한 수'가 있을는지 잘 몰랐습니다. 그러나 주님이 순간순간 위로를 주시고 또 다른 행동으로서 저를 위선자로 보이지 않도록 지혜도 주셨던 것 같습니다. 주님은 부족한 저에게도 이렇게 선하고 위로가 많으신 분이십니다. 주님은 부족하고 고민 많은 저를 사용하셔서 믿는 이의 소신을 보이셨습니다.

주님과 동행하는 가운데
제게 맡기신 역할을 합니다°

맡기신 일을 하도록 저를 보내신 하나님 아버지.
맡기신 일을 하면서 제가 늘 기뻐하지는 못합니다.
맡기신 일들이 때로는 버겁고 무섭게 느껴집니다.

그래서 오늘도 저는 신실하게 일하시는 주님을 떠올립니다.
주님께서 맡기신 자리로 저를 보내셨음을 깨닫습니다.
저에게 날마다 새 힘을 불어넣어 주세요.
주님께서 맡기신 일들을 기쁨으로 감당하게 해 주세요.

주님께서 신실하게 일하시듯, 저도 맡기신 일을 다 해내는 신실한 사람이길 원합니다.
주님께서 하루 한 날 맡기신 역할에 충성을 다 할 수 있도록 인도해 주세요.
또 적절한 쉼을 가질 수 있는 여건도 마련해 주세요.

맡겨 주신 일과 저의 신앙 사이에서도 지혜롭게 균형을 맞추어 가길 원합니다.
제가 있는 모든 자리에서 늘 함께하시고 동행해 주세요.
언제나 살아 계시며 동행하시는 예수님의 이름으로 기도합니다. 아멘.

찬양 날마다 숨 쉬는 순간마다 / 아침 해가 돋을 때_552 (통 358)

성경 그가 요셉에게 자기의 집과 그의 모든 소유물을 주관하게 한 때부터 여호와께서 요셉을 위하여 그 애굽 사람의 집에 복을 내리시므로 여호와의 복이 그의 집과 밭에 있는 모든 소유에 미친지라_창 39:5

묵상 주님께서 한 걸음 한 걸음 같이 가 주시니 어떤 것도 두렵지 않습니다. 내게 능력 주시는 자 안에서 이번도 그리고 그 다음도 감당할 수 있습니다.

저를 통해
주님의 빛을 비춰 주세요°

세상의 주인이신 하나님 아버지.
쌀쌀해진 날씨가 사랑하는 이들에게 감기를 가져다 주진 않을는지 걱정이 됩니다.
그럼에도 이 쌀쌀함이 주님 주실 따뜻함을 떠올리게 해 주리라 기대합니다.

주님께서 오늘 하루를 허락하심도 감사입니다.
주님께서 보살피시고 함께해 주심도 감사입니다.

세상에는 여전히 주님을 알지 못하는 이들이 많습니다.
하나님 앞에서 제 역할을 더욱 잘 감당하여
세상에 주님의 빛 되심이 드러난다면 얼마나 좋을까요?

주님은 저를 '소금과 빛'(마 5:13-14)으로 부르셨습니다.
또 '이방의 빛'(행 13:47)으로 부르시고, '왕 같은 제사장'(벧전 2:9)으로 부르셨습니다.
주님께서 함께해 주시고 날마다 제 삶을 이끌어 주세요.
주님을 더 닮길 원합니다. 주님 주신 마음으로 살아가길 원합니다.
세상의 참 빛 되시는 예수님의 이름으로 기도합니다. 아멘.

찬양 주님이 우리를 빛으로 부르셨으니 / 갈 길을 밝히 보이시니_524 (통 313)

성경 이같이 너희 빛이 사람 앞에 비치게 하여 그들로 너희 착한 행실을 보고 하늘에 계신 너희 아버지께 영광을 돌리게 하라_마 5:16

묵상 오늘도 말씀에서 세상을 사는 지혜를 배웁니다. 이제 관건은, 그 지혜로 어떻게 오늘을 살 것인가에 있습니다.

제 삶을 드립니다°

생명이 되시는 주님. 생명은 주님께 있습니다.
저의 호흡도 저의 것이 아닌 주님의 것입니다.
저의 호흡을 주님께서 주셨습니다.
이 호흡으로 숨을 쉬고 오늘을 살아갑니다.
주님께서 거두시면 아무것도 없음이 저입니다.

그러나 주님 주신 생명으로 저 자신만을 위해 살 때가 많음을 돌아봅니다.
주님께서 돌아보게 하신 사람을 살필 여력과 시간이 없다고 핑계하면서
가만히 앉아 있기도 합니다.
주님, 저에게 용기와 새 힘을 주세요.
사람을 섬기는 마음과 사랑할 감동도 주세요.

주님을 조금씩 닮아가고 싶습니다.
주님만으로 삶을 살고, 주님만으로 기뻐하는 신자가 되길 원합니다.
주님 안에서 사람을 세우고 공동체도 세워 나가길 원합니다.
날마다 저와 제 중심을 이끌어 주세요.
모든 것 되시는 예수님의 이름으로 기도합니다. 아멘.

찬양 주님 마음 내게 주소서 / 지난밤에 보호하사_58 (통 66)

성경 그러므로 형제들아 내가 하나님의 모든 자비하심으로 너희를 권하노니 너희 몸을 하나님이 기뻐하시는 거
룩한 산 제물로 드리라 이는 너희가 드릴 영적 예배니라_롬 12:1

묵상 주님은 내가 하는 오늘의 이 일을 통해 주님의 나라를 이루어 가십니다. 섬기는 자리에서 주님을 높이고 주
님으로 인해 만족하기 원합니다. 내게 맡기신 일로 주님의 뜻을 따르는 삶을 살겠습니다.

오늘의 예배자로 살겠습니다

선하신 하나님. 주님의 자녀로 삼아 주셔서 감사합니다.

제가 어떻게 살아가야 할지도 말씀과 기도로 알려 주셔서 감사합니다.

더욱 주님께서 기뻐하시는 삶을 살아가게 해 주세요.

주님의 가르침을 따르고 그 말씀으로 살아가도록 인도해 주세요.

오늘 주님의 말씀에서 다윗을 봅니다.

주님의 사람 다윗이 교만하여 범죄함을 봅니다(삼하 11장).

그가 우리야를 죽이고 밧세바를 취하기 위해 마귀처럼 교묘한 일을 벌였습니다.

그런데 그 말씀이 저 역시도 그와 동일한 사람이라고 가르칩니다.

하나님 자녀로 살면서, 끔찍한 죄를 지을 위험이 저에게도 있음을 보게 하십니다.

오, 주님. 저 자신을 의지하지 않고 주님을 의지하며 살기 원합니다.

겸손한 마음을 매일 창조해 주시고,

낮은 자의 마음으로 주님 의지하며 살게 해 주세요.

오늘도 예배하는 자리로 부르심에 감사합니다.

이번 한 주도 허락하신 자리에서 주님을 예배하는 자로 살기 원합니다.

주님께서 제 마음에 찾아와 주시고 함께해 주세요.

기도가 마친 뒤에는 기도의 삶을 살아가게 해 주세요.

삶의 방향을 잡아 주시는 예수님의 이름으로 기도합니다. 아멘.

찬양 나는 예배자입니다 / 네 맘과 정성을 다하여서_218 (통 369)

성경 아버지께 참되게 예배하는 자들은 영과 진리로 예배할 때가 오나니 곧 이 때라 아버지께서는 자기에게 이렇게 예배하는 자들을 찾으시느니라_요 4:23

묵상 서 있을 때 예수님을 붙들고, 넘어지려 할 때 예수님을 붙들고, 넘어졌을 때 예수님을 붙들기.

매일의 은혜는 주님께서 주십니다°

상하고 약한 마음을 붙잡아 주시는 주님.
오늘도 주님 앞에 나아갑니다.
주님께서 저에게 오늘을 허락해 주셨습니다.

주님은 저에게 오늘을 선물로 주신 분이시며,
늦은 밤 다시 돌아올 집도 주신 분이십니다.

때로는 고되고 마음이 무거운 날도 있습니다.
그러나 그런 날도 저는 주님 안에 있습니다.
주님과 함께함으로 제 마음은 자유와 평안을 찾습니다.

저의 필요를 가장 잘 아시는 주님.
날마다 저에게 필요한 것을 베풀어 주세요.
주님만이 제 모든 만족이 되어 주세요.
저의 모든 것 되시는 예수님의 이름으로 기도합니다. 아멘.

성경 여호와는 나의 목자시니 내게 부족함이 없으리로다 그가 나를 푸른 풀밭에 누이시며 쉴 만한 물 가로 인도하시는도다_시 23:1-2

묵상 주님은 우리가 하는 일로 영광 받으십니다. 그러나 주님은 우리가 하는 일이 우리가 전심으로 바라볼 것은 아니라고 말씀하십니다. 주님은 우리가 주님을 먼저 바라보기 원하십니다. 그리고 주님을 섬기듯 우리에게 맡겨진 일을 감당하기 원하십니다. 주님과 이렇게 동행하니 저의 일이 기쁨이 됩니다.

주님 마음으로 살고 싶습니다

주님. 주님의 마음을 더 깊이 알기 원합니다. 주님의 마음을 더 잘 따르기 원합니다.

제가 아는 주님의 사랑은 너무 적습니다. 제 갈급함은 크지만 머리는 메말랐습니다.

제가 이해하는 주님은 너무 작으십니다.

주님의 말씀과 사랑이 더 많이 부어지길 원합니다.

주님의 크심과 계획과 긍휼을 가르쳐 주세요. 주님을 바르게 알고, 참되이 따르게 해 주세요.

주님. 세상은 빠르게 바뀌고 사람은 쉽게 변합니다.

주님의 영원하심과 순전하심과는 거리가 너무 멉니다.

저의 약함을 기억합니다. 주님의 깊으심과 높으심만이 저를 이끌어 가십니다.

주님을 바라보는 무리가 모일 때 주님 안에서만 강함을 이루리라 믿습니다.

주님은 우리가 강하지 않아도 주님만으로 강하고 담대할 수 있도록 하시는 분입니다.

주님은 저의 강함이시고 우리의 강함이십니다.

주님은 저와 우리가 가진 강함으로가 아닌

주님께서 허락하신 주님의 강함으로 우리를 찾아오십니다.

차가운 날씨와 분주한 일상이 제 마음을 뒤 흔들 때도

주님은 여전히 저에게 따뜻하고 신실하십니다.

상처 많고 지친 자에게 주님의 손과 발은 포근합니다.

주님은 그 크신 사랑으로 우릴 위해 십자가에 달려 죽으셨습니다.

주님은 참으로 사랑하시는 분이십니다. 저는 이것에 항상 들뜨도록 감사를 고백합니다.

사랑이 많으신 주 예수님의 이름으로 기도합니다. 아멘.

아버지 당신의 마음이 있는 곳에 / 주님의 마음을 본 받는 자_455 (통 507)

나의 반석이시요 나의 구속자이신 여호와여 내 입의 말과 마음의 묵상이 주님 앞에 열납되기를 원하나이다_시 19:14

사랑을 의심하지는 않습니다. 그러나 뜨거운 감정은 활활 타올랐다가 식어 버리곤 합니다. 제 사랑의 감정이 한결같길 원했습니다. 사랑하고 사랑받는 한결같은 관계가 만들어지길 바랐습니다. 그러고 보니 주님은 이미 그렇게 저를 사랑하고 계셨고, 저만 그렇게 주님을 사랑하면 되었습니다.

주님 안에 가장 큰 기쁨과
행복이 있습니다°

주님의 달콤한 음성이 저를 깨웁니다. 이 음성이 어찌나 사랑스러운지요.
주님의 세밀한 시선이 저를 보호합니다. 이 눈길이 얼마나 따뜻한지요.
주님의 따뜻한 품에 제가 꼭 안깁니다. 참된 안식과 평화가 여기에 있지요.
주님의 사랑스러운 손길이 저를 이끄십니다. 진정한 위로와 행복은 여기에 있지요.
주님을 잊고 여러 고민에 빠질 때에도, 주님의 크신 생각에 집중할 수 없을 때에도,
마음이 분주하여 안식이 없을 때에도, 주님은 사랑과 인내로 저를 바라보셨습니다.

주님은 말씀으로 저를 지도하시고 찬양으로 제 영을 일깨우셨습니다.
주님은 크고 자비하시며 폭풍우도 삼킬 수 없는 강인함을 가지고 계십니다.
저의 계획이 주님을 잊으면 그 계획을 멈추어 주시고
저의 계획이 주님을 위하면 그 계획을 이루어 주시고
저의 계획이 주님이 아닌 저를 높이면 그 계획이 주님만으로 가능함을 깨닫게 해 주세요.
진정으로 주님께만 모든 것이 속하였습니다.
날마다 사랑하시는 예수님의 이름으로 기도합니다. 아멘.

찬양 나의 사랑 나의 어여쁜 자야 / 내 진정 사모하는_88 (통 88)

성경 주의 말씀의 맛이 내게 어찌 그리 단지요 내 입에 꿀보다 더 다니이다_시 119:103

묵상 사람들이 '힐링'(healing)이라는 말을 잘 사용합니다. 이것도 힐링이 되고 저것도 힐링이 된다고 합니다. 그런 점에서 그리스도인에게는 말씀과 예배와 찬양이 참 좋은 힐링입니다.

주님 안에서 거하고
그 안에서 자라길 원합니다°

새 날을 주시는 하나님. 저에게 맡기신 날을 소중히 생각합니다.
주님께서 제가 이 날에 꼭 만나야 할 사람을 만나게 해 주세요.
허락하신 만남 가운데 주님께서 기뻐하시는 언행으로 나아가게 해 주세요.
주님 안에서 오늘보다 하루 더 성장한 내일이 되기를 원합니다.
날마다 주님 안에 자라가는 저이기를 원합니다.

다스리시는 하나님.
제가 이해할 수 없는 현실일지라도 저는 안심할 수 있습니다.
주님은 세상의 주인이시기 때문입니다.
그리고 저는 주님의 자녀이기 때문입니다.

주님께서 만드시고 다스리시는 세상은 아름답습니다.
저는 주님의 손가락으로 지으신 세상과,
성령의 감동으로 기록된 말씀에 지도를 받습니다.

그러기에 저는 언제나 주님으로 만족합니다.
우리 구주 예수님을 사랑합니다.
삶의 주인이며 구주이신 예수님의 이름으로 기도합니다. 아멘.

찬양 온 땅은 주님의 성소 / 주 음성 외에는_446 (통 500)

성경 그의 영광의 팔이 모세의 오른손을 이끄시며 그의 이름을 영원하게 하려 하사 그들 앞에서 물을 갈라지게 하시고_사 63:12

목상 매번 매 사건 우리에게 우연은 없습니다. 주님은 그 무엇을 통해 우리의 인격과 성품을 만지고 계십니다. 주님은 그 무엇을 통해 우리에게 자질을 갖추도록 하십니다. 주님은 그 무엇을 통해 신앙을 다듬어 가십니다. 주님은 언제나 우리를 빚으시고 계십니다.

주님께 받은 사랑을
나만 갖고 있지 않겠습니다°

사랑의 하나님.

저는 사람을 사랑할 줄 모릅니다.

주님을 사랑할 줄도 모릅니다.

주님 마음을 가르쳐 주세요.

주님 주신 지혜로 사람을 사랑하게 해 주세요.

주님은 위대한 사랑 그 자체이십니다.

주님의 사랑은 가볍고 얄팍한 사랑이 아니십니다.

무겁고 깊으며 따뜻한 사랑이십니다.

오늘 주님께서 부어주신 사랑에 제 마음이 조금은 더 깊고 부드러워집니다.

주님의 마음이 전달될 때 저는 조금 더 섬세하고 신중해집니다.

주님께서 베푸신 사랑과 관심에 '제 잔이 넘칩니다'(시 23:5).

주님만이 저의 목자이시며 구주이십니다.

주님을 사랑하고 찬양합니다.

주님은 사랑의 주인이십니다.

예수님의 이름으로 기도합니다. 아멘.

찬양 형제의 모습 속에 보이는 / 사랑하는 주님 앞에_220 (통 278)

성경 너희가 만일 성경에 기록된 대로 네 이웃 사랑하기를 네 몸과 같이 하라 하신 최고의 법을 지키면 잘하는
것이거니와_약 2:8

묵상 오직 그리스도께 받은 사랑과 은혜로 인해, 내게 인연이 되게 하신 사람과 소중한 동역자들을 위해 사랑하
고 인내하며 기도할 수 있었습니다. 내게는 사람을 사랑할 힘조차 없는데 주님께서 보이신 온전한 사랑이
내 마음을 감동시켰고 그들을 사랑하게 하셨습니다.

주님은 저를 사랑받고
사랑하는 자리로 이끄십니다

주님.

제가 사랑하기를 멈추지 않기 원합니다.

저의 사랑이 멈출 때 세상은 사랑받기를 멈출 것입니다.

사랑의 근원이시며 가장 완벽한 사랑을 주시는 주님께서

저의 생각과 행동을 사랑하는 자리로 이끄시길 원합니다.

아버지 하나님.

오늘도 저는 주님께서 허락하신 만남과 일상 속에서 주님을 얼마나 떠올렸는지요.

분주한 하루를 뒤돌아 볼 때, 주님은 제가 조금 더 감사하길 바라는 마음을 주십니다.

그러하기에 저는 내일도 더더욱 주님께 감사로 영광 돌리기 원합니다.

주님께서 날마다 사랑과 감사가 가득한 자리로 저를 이끌어 주시기를 원합니다.

저를 사랑받고 사랑하는 자리에 두시는 주님께 감사와 사랑을 고백하며,

동행하시는 예수님의 이름으로 기도합니다. 아멘.

성경 너희가 서로 사랑하면 이로써 모든 사람이 너희가 내 제자인 줄 알리라_요 13:35

묵상 맡겨진 일에 성실과 감사로 나아가기 원합니다. 주님을 사랑하니까요. 이 일을 주님을 위한 것이자 이웃을
위한 일로 생각하고 살기 원합니다.

011

이 모임과 일터도 주
님 손에 있습니다°

주님.
세상에서 다양한 사람을 마주치며 살아갑니다.
그중에는 이해하기 어렵고 답답한 사람도 있습니다.
그리고 제 연약함과 부족함으로 주위에 어려움을 주기도 합니다.

주님께서 각자 환경에서 다르게 자란 우리를 한 자리에 모으셨습니다.
그러니 주님께서 우리의 마음을 붙잡아 주시고 이 모임과 일터도 이끌어 주세요.
우리의 모인 자리가 주님께서 기뻐하시는 곳이 되게 해 주세요.

오늘 제가 주님께서 기뻐하시는 자리에 서 있기를 원합니다.
또 우리가 조금 더 주님 닮아가는 모임이 되길 원합니다.
이 공간이 주님께서 기뻐하시는 삶의 예배를 이루는 곳이 되게 해 주세요.
우릴 각자 자리에서 부르시고 인도하시는 예수님의 이름으로 기도합니다. 아멘.

성경 어떤 사람에게는 성령으로 말미암아 지혜의 말씀을, 어떤 사람에게는 같은 성령을 따라 지식의 말씀을, 다른 사람에게는 같은 성령으로 믿음을, 어떤 사람에게는 한 성령으로 병 고치는 은사를, 어떤 사람에게는 능력 행함을, 어떤 사람에게는 예언함을, 어떤 사람에게는 영들 분별함을, 다른 사람에게는 각종 방언 말함을, 어떤 사람에게는 방언들 통역함을 주시나니_고전 12:8-10

묵상 누구도 우리의 상황과 감정을 다 이해해 줄 수는 없습니다. 우리도 누군가에 대해 그렇게 다 맞춰 줄 수 없습니다. 그렇기에 사람과 사람 사이에는 주님께서 허락하시는 마음의 여백과 열린 마음이 필요합니다.

주님께서 원하시는 삶을
살기 원합니다°

주님. 세상은 빠르게 변하고 주님과 점점 더 멀어집니다.
그리고 저는 세상을 두려워 하여 숨기에 바쁩니다.
정작 세상 앞에 설 때는 실수투성이입니다.
주님은 저를 '세상의 소금과 빛'(마 5:13)이라 하셨는데 말입니다!

주님. 제가 주님 부르신 분명한 소명대로 살게 해 주세요.
저에게 주신 정체성대로 살아가도록 인도해 주세요.

이번 한 주는 주님께서 제게 허락하신 계획과 목표들에 더욱 함께해 주시기를 원합니다.
주님을 기쁘시게 하는 제가 되길 원합니다.
사람에게 새 생명을 전할 기회도 갖게 해 주시길 원합니다.

저의 삶이 주님께만 있습니다.
제 삶을 일구어 가시고 합력하여 선을 이루실 주님을 기대하오니,
주님께서 영광 받으시고 기뻐하시는 인생이 되도록 제 삶을 경영해 주세요.
삶을 이끄시는 예수님의 이름으로 기도합니다. 아멘.

완전하신 나의 주 / 빛나고 높은 보좌와_27 (통 27)

누구든지 자기 십자가를 지고 나를 따르지 않는 자도 능히 내 제자가 되지 못하리라_눅 14:27

우리는 지금의 나에게서 만족스러운 것과 그렇지 못한 것을 모두 봅니다. 그러나 우리가 나라는 인간과 끝까지 함께 가야 할 것은 분명합니다. 그렇기에 너무 자만하지도 자책하지도 말아야 하겠습니다. 단지 우리가 주님의 뜻을 하나씩 따라 나가며 살기를 원합니다.

주님은 저의 도움과
방패가 되십니다°

주님. 저는 이것을 바라보면 저것을 보지 못합니다.
저는 저것을 바라보면 이것을 보지 못합니다.
저는 늘 편협합니다. 모든 것을 이해하지 못합니다.

그러하기에 저는 말씀을 의지합니다.
그러하기에 저는 기도로 나아갑니다.
모든 것을 아시는 분은 주님이십니다.

저는 그저 주님께서 기뻐하시는 일을 행하기 원합니다.
저는 그저 맡긴 자리에서 주님을 신뢰함으로 서길 원합니다.

주님만이 저의 도움이시고 방패이십니다(시 28:7).
저에게 주님을 신뢰하는 한순간은 세상을 뛰어넘는 한순간이 됩니다.
우리와 동행하시는 주님을 의지함이 제 인생의 참 소망이 됩니다.
동행자 예수님의 이름으로 기도합니다. 아멘.

찬양 하나님이시여 / 십자가 그늘 아래_415 (통 471)

성경 여호와는 나의 힘과 나의 방패이시니 내 마음이 그를 의지하여 도움을 얻었도다 그러므로 내 마음이 크게 기뻐하며 내 노래로 그를 찬송하리로다_시 28:7

묵상 주님은 결국 내 맘대로 하도록 내버려 두지 않으셨습니다. 그러나 나는 주님을 신뢰할 수 있었습니다. 내가 연약할 때에도 주님께서 항상 나를 붙들어 인도해 주셨기에, 내가 주님을 흔들림 없이 믿을 수 있게 되었습니다.

집중력을 주시는 분도
주님이십니다°

제가 오늘 하루 무언가에 집중할 능력을 주신 주님께 감사드립니다.
저는 이 집중력으로 맡겨진 일도 하고 주님께도 집중합니다.
하지만 때로는 부족한 집중력으로 마땅히 해야 할 일을 못하기도 합니다.
또 주님께도 믿음 없는 모습을 보여드립니다.
주님. 제가 주께서 맡기신 일에 집중할 능력을 갖게 해 주세요.
좋은 집중력을 가진 사람이 될 수 있도록 인도해 주세요.

저의 연약함을 아시는 주님. 제가 주님으로 인해 삽니다.
그리고 주님께서 맡기신 역할에 더 잘 집중하기를 원합니다.
주님께서 붙여 주신 사람들과 제가 섬겨야 하는 분들에게 관심을 더 잘 갖게 해 주세요.
집중력을 잘 쓸 수 있는 지혜도 주님께 있습니다.
주님께서 기뻐하시는 곳에 잘 집중할 수 있는 은혜도 주님께 구합니다.
저는 주님을 기쁘시게 해 드리는 사람으로 살기를 원합니다.
주님을 온전히 의지하고 또 주님께 집중하여 사는 삶이길 원합니다.
제가 주님과 사람들 앞에서 충실한 예수의 제자로 살아가길 바랍니다.
예수님의 이름으로 기도합니다. 아멘.

찬양 온전케 되리 / 불길 같은 주 성령_184 (통 173)

성경 내가 이미 얻었다 함도 아니요 온전히 이루었다 함도 아니라 오직 내가 그리스도 예수께 잡힌 바 된 그것을 잡으려고 달려가노라_빌 3:12

묵상 우리는 모두 잘하는 것과 못하는 것이 있습니다. 혼자 다 잘하는 사람은 없습니다. 누구나 처음에는 다 못합니다. 부족하더라도 주님을 구하며 그분을 의지하여 가는 것이 중요합니다.

'남이 보는 나'가 아닌
'주님이 보는 나'를 사랑하겠습니다'

저보다 저를 잘 아시는 주님.
오늘은 순간적으로 세상이 저에게 요구하는 기대치가 지나치고 끝이 없다 생각했습니다.
그 기대가 저를 점점 궁지에 몰아넣는 것 같았습니다.

그러나 지나친 기대의 자리로 불릴 때에도 너무 잘하려다가
'주님께서 사랑하시는 나'를 잃는 일이 생기지는 말아야겠습니다.
완벽해지려다가 긴장감이 지배하는 인생보다는
먼저 저 자신과 저의 삶을 주님 앞에서 더 사랑할 줄 알고 싶습니다.
주님은 우리에게 기쁨을 먼저 선물로 허락하십니다.
제 안에 주님께서 허락하신 큰 사랑과 기쁨이 있으니 저는 주님 앞에서 잠잠합니다.
주님께서 기뻐하시는 일로 주님 앞에 나아갑니다.

저는 오늘도 주님의 그늘 아래에서 쉼을 누립니다.
"수고하고 무거운 짐 진 자들아 다 내게로 오라"(마 11:28)고 말씀하신 주님.
제가 주님께 이끌리어 나아갑니다. 주님의 일을 행하며 따라갑니다.
남이 보는 내가 아닌, 주님께서 보시는 나에 집중하며 주님 앞에 나아갑니다.
예수님의 이름으로 기도합니다. 아멘.

찬양 하나님의 그늘 아래 / 너 하나님께 이끌리어_312 (통 341)

성경 그들로 그들의 소망을 하나님께 두며 하나님께서 행하신 일을 잊지 아니하고 오직 그의 계명을 지켜서_시 78:7

묵상 우리가 제일 잘한 일, 우리에게 제일 잘난 일, 제일 감사한 일, 제일 당당한 일, 제일 폼 나는 일은 예수님과 더불어 사는 일입니다.

하나님께 올려드리는 나의 기도

02

돌아봄

하나님 앞에서 사는
그리스도인

"돌아봄의 시간"

|||||||||||||||||||||||||||||||||||||||||||||||||||||||||||||||||||||||||||||||||||||||||||||

저는 개인 업무 시작 전에 핸드폰을 꺼내어 10분 뒤로 진동 알람을 맞춥니다. 그리고 눈을 감고 마음을 정돈하며 주님 앞에서 어제와 오늘을 돌아봅니다. 저는 기도를 많이 하는 편은 아니지만 이런 시간들을 가지면서 주님을 묵상하고 저 자신을 주님 앞에서 살펴봅니다.

분주한 일상이 이어질 때 업무 시작 전 10분은 결코 적지 않은 시간입니다. 알람을 굳이 맞추는 이유는 돌아봄의 시간을 단축하지 않기 위함입니다. 진동이 울리기 전까지 다른 행동은 결코 하지 않겠다는 각오입니다. 이 시간 저는 주님 앞에 마음을 쏟아냅니다. 그리고 매일 가졌던 이 시간이 저를 보다 넓고 깊어지게 했음을 시간이 지나면서 점차 깨닫습니다.

"같은 삶을 살아도"

저는 항상 오늘 하루 살아낸 시간을 돌아보며 후회되는 일과 보람된 일을 떠올려 보곤 했습니다. 주님 앞에서 바른 마음을 가지고 한 언행과 그렇지 않은 것을 생각해 보기도 했습니다. 물론, 주님 앞에서 아쉬움을 가진 날이 많았습니다. 하지만 이런 시간을 통해 주님은 하루 한날도 빠짐없이 저를 선하게 인도하셨음을 알게 하셨습니다. 그리고 주님과 함께 하는 삶을 사는 것에 감사할 수 있도록 하셨습니다.

주님께 나아가는 시간은 제 삶을 더욱 풍요롭게 합니다. 주님 앞에 나아가 기도할 때 주님은 항상 들으시고 살아갈 힘을 주십니다. 주님이 주시는 새 은혜는 매일의 삶을 다시 살아낼 능력이 됩니다.

연약함 가운데서도
주님만 따르겠습니다°

하나님 아버지.
제 마음이 힘들 때가 있습니다. 어려울 때가 있습니다.
주님 맡기신 자리에서 온전히 주님만 바라보며 살지 못하기도 합니다.
그러나 제 갈등도 고민도 삶의 주인이신 주님께 모두 올려 드립니다.

주님은 저에게 믿음을 선물로 주시고 저에게 주신 복음을 따라 살게 하십니다.
그러니 염려 가운데서도 저는 주님을 바라볼 수 있습니다.
제 마음은 주님만이 자세히 살펴주실 수 있습니다.

주님을 사랑합니다.
주님께서 제 삶을 이끌어 주시길 원합니다.
주님의 목소리만이 제가 따를 유일한 음성입니다.
주님은 선함이 가득하신 목자이십니다.
삶의 인도자이신 예수님의 이름으로 기도합니다. 아멘.

찬양 여호와 나의 목자 / 예수 나를 오라 하네_324 (통 360)

성경 내 양은 내 음성을 들으며 나는 그들을 알며 그들은 나를 따르느니라_요 10:27

묵상 주님께서 주시는 마음을 생각해 보니, 주님은 다른 사람이 아닌 내 연약한 모습들을 내게 비추어 주셨습니다. 그러다 보니 주님께 가까이 나아갈수록 점검해 볼 나의 모습이 더욱 많아집니다. 바라기는, 이 일로 주님께서 매일의 내 부족함을 드러내시며 또 날마다 새롭게 되는 은혜를 허락하시길 소망합니다.

017

허락된 모든 것에서
주님의 뜻 발견하기 원합니다°

창조주이신 하나님 아버지.
세상 모든 것을 주님께서 지으셨습니다.
그리고 이 모든 것을 주님께서 허락하셨습니다.
그러니 이 모든 일의 영광은 주님께만 있습니다.
주님께서 이 모든 것을 지으시고 다스리십니다.

그러나, 주님의 것을 제 것으로 알고 사용한 일을 돌아봅니다.
주님께 드려질 영광을 제 것으로 취했음을 떠올립니다.
때론 주님을 위한 것을 제 우상으로 바꾸기도 했습니다.
제 만족만을 위해 달려왔던 모습들이 부끄러워집니다.

주님을 기억함이 없는 관계는 쉽게 저의 우상이 되었습니다.
기도 없이 하는 모든 자랑과 염려로 주님을 떠나 버리기도 했습니다.
주님께서 저에게 주신 것을 주님을 위해 사용하기로 다짐합니다.
감사함과 신실함으로 주님께서 맡겨 주신 일을 감당하기로 확정합니다.

주님은 저를 청지기로 부르셨습니다.
이제 주님께서 보이신 신실하심을 본받아 살겠습니다.
예수님의 이름으로 기도합니다. 아멘.

찬양 믿음이 없이는 / 너 성결키 위해_420 (통 212)

성경 다니엘은 뜻을 정하여 왕의 음식과 그가 마시는 포도주로 자기를 더럽히지 아니하리라 하고 자기를 더럽히지 아니하도록 환관장에게 구하니_단 1:8

묵상 나무는 열매 맺기 위해서 물을 필요로 합니다. 우리도 살기 위해 날마다 주님 말씀의 공급을 필요로 합니다. 우리는 주님께서 말씀으로 나아갈 방향을 알려 주셔야만 그 길을 따라 갈 수 있는 사람입니다.

018

주님의 은혜가
제 삶을 다스립니다°

진리이신 주님.
주님을 위해 살기로 다짐하고도 주님을 쉽게 잊습니다.
교회 밖을 나서는 순간 방금 받은 은혜도 쉽게 날려 버립니다.

주님께서 주신 은혜에 충분히 감격하며 살도록 붙잡아 주시길 원합니다.
그 받은 은혜로 제 삶이 바뀌고 생각이 바뀌도록 역사해 주시길 원합니다.

주님 없이는 아무것도 할 수 없습니다.
저의 모든 일상과 자랑이 주님께만 있습니다.

저의 삶이 주님께 드려진 삶임을 잊지 않도록 다스려 주세요.
이번 한 주간도 저를 붙잡아 주시고 주장해 주세요.
삶의 주관자이신 예수님의 이름으로 기도합니다. 아멘.

찬양 나의 갈망은 / 주 예수보다 더 귀한 것은 없네_94 (통 102)

성경 집 하인이 두 주인을 섬길 수 없나니 혹 이를 미워하고 저를 사랑하거나 혹 이를 중히 여기고 저를 경히 여길 것임이니라 너희는 하나님과 재물을 겸하여 섬길 수 없느니라_눅 16:13

묵상 우리의 걸음은 무엇을 위한 것이었을까요? 주님을 위해 걷고 있던 것이었을까요? 저는 저 자신과 주님을 위해서 동시에 나아갈 순 없었습니다. 머뭇거리면 금방 넘어졌습니다. 주님을 위해서든 저를 위해서든, 둘 중 하나만 생각하고서 뛸 수 있었습니다.

함께 하시는 주님을
바라봅니다°

저의 삶을 통치하시는 주님.
주님께서 저와 함께하셨다는 것을 알았습니다.
주님은 제 삶에 사랑으로 동행해 주셨습니다.

주님 앞에 서니 이제야 알게 됩니다,
주님께서 지켜보시는 따뜻한 시선을.
주님께서 주시는 은혜로만 살 수 있는 저를.

주님은 저의 유일한 목적이고 소망이십니다.
하루를 살아갈 힘이고 견뎌낼 이유이십니다.

주님을 아버지로 부르며 나아갑니다.
주님은 언제든 그러하도록 허락하십니다.
주님을 더욱 따라가는 삶을 살기 원합니다.
목적이요 소망이신 예수님의 이름으로 기도합니다. 아멘.

성경 너희가 아들이므로 하나님이 그 아들의 영을 우리 마음 가운데 보내사 아빠 아버지라 부르게 하셨느니라_
갈 4:6

묵상 그림자를 보며 어둠밖에는 없다고 생각했습니다. 그런데 이것은 따뜻한 햇살 뒤 가려진 어둠일 뿐이었습니
다. 이것을 깨닫자 어두운 그림자가 저를 지치게 할 때에도 햇살 같은 주님의 손길을 기억할 수 있었습니다.

분주한 일상 중에도
주님 앞에 머무니 평안합니다°

하나님 아버지. 오늘 하루도 주님께서 제게 주신 역할을 따라 살아갑니다.
그 가운데 제가 만나는 기쁨과 슬픔은 주님께로 올려 드립니다.
분주함과 복잡함도 주님 앞에서는 아무것도 아니기 때문입니다.
저에게 하루 중 다시 돌아오는 묵상의 시간이 매우 값집니다.
하루를 주님 앞에서 돌아볼 여유가 기쁨입니다.
주님, 오늘을 잘 마무리할 인내심과, 내일도 힘차게 살아낼 담대함을 주세요.

사랑하는 주님. 저는 오늘 하루의 가장 많은 관심을 어디에 쏟았나요?
주님 주신 자리에서 제가 하루를 잘 살아냈나요?
저는 주님을 잊고 지낼 때가 많습니다.
주님의 신실하심이 저를 살릴 뿐입니다.
주님은 소망이시고 제 삶의 이유이십니다.
이 묵상의 시간을 통해 제가 주님 앞에 나아갑니다.
제가 드려야 할 마음의 중심과 생각의 초점을 주님께 맞춥니다.

갈대같이 흔들리고 안개같이 흐려진 제게 주님은 평화와 안식으로 찾아오십니다.
이제는 제가 신랑 되신 예수님 맞을 준비를 하는 신부이길 원합니다.
사랑하는 주님께 주님 사랑을 간구하며 나아갑니다.
평화의 왕이신 예수님의 이름으로 기도합니다. 아멘.

찬양 아침안개 눈앞 가리듯 / 내 영혼의 그윽히 깊은 데서_412 (통 469)

성경 볼지어다 내가 문 밖에 서서 두드리노니 누구든지 내 음성을 듣고 문을 열면 내가 그에게로 들어가 그와 더불어 먹고 그는 나와 더불어 먹으리라_계 3:20

묵상 주님을 찾기 위해 애썼습니다. 주님은 잘 보이지 않는다고 생각했습니다. 그런데 어느 날 문득 주님께서 저와 함께 하고 계심을 알았습니다. 눈을 들어 보니 주님은 제 위에서 그늘을 만들어 주고 계셨고 제 옆의 버팀목이 되어 주고 계셨습니다.

021

날 위해 십자가 달려 죽으신 주님을 생각합니다°

주님. 저의 죄를 고백합니다.
저는 부족한 사람입니다. 저는 저를 부끄럽게 하는 죄를 지으며 살아갑니다.
저는 곤고한 자입니다. 오늘도 죄악 없는 세상이 오길 소망합니다.

주님. 주님의 말씀이 오늘도 놀랍습니다.
두려움 중에도 저를 하나님 앞으로 데려갑니다.
예수 그리스도의 보혈의 공로가 이렇게 위대합니다.

주님은 부족한 저를 십자가 뒤에 감추기로 결정하셨습니다.
주님은 참 신비로운 분이십니다.
저를 위해 그 일을 이루셨음이 감격이 됩니다.
저를 살리는 복된 소식이 여기에 있습니다.
주님은 저를 수치에서 벗어나 은혜로 나아가게 하십니다.
주님께서 저를 위해 죽으셨다는 소식만이 저를 구원합니다.
그 소식으로 제가 잠잠함과 평안함을 얻습니다.

주님을 사랑합니다. 주님의 은혜를 고백합니다.
주님은 저의 전부입니다. 나의 주, 나의 은혜, 나의 사랑, 나의 고백.
예수님, 사랑합니다! 존귀하신 예수님을 찬양합니다!
죄에서 우리를 건지신 예수님의 이름으로 기도합니다. 아멘.

찬양 십자가 그 사랑 멀리 떠나서 / 내 주의 보혈은_254 (통 186)

성경 우리는 그리스도 안에서 그의 은혜의 풍성함을 따라 그의 피로 말미암아 속량 곧 죄 사함을 받았느니라_엡 1:7

묵상 예수 그리스도. 그 이름만으로 제 가슴을 터질 듯이 만드는 데 충분합니다.

022

제가 할 수 있는 것은
주님을 의지하는 것뿐입니다°

하나님 아버지.
제가 지은 죄를 뒤늦게 알았습니다.
주님의 말씀이 저를 비추어 주셨기 때문입니다.

제 마음을 날마다 정직하게 해 주세요.
주님의 뜻을 따라 살게 인도해 주세요.

저의 얕은 지식은 주님의 지혜를 깨닫지 못합니다.
죄도, 주님의 길도 모두 분별하지 못합니다.

말씀 앞에 서서 기도로 나아갑니다.
의지할 분, 능력 되신 분이 주님이십니다.

주님의 섬세한 속삭임을 듣는 지혜로운 귀는 주님께서 주십니다.
기도를 드리면서도 넘어지는 저를 일으키시는 분이 주님이십니다.

주님을 사랑합니다. 주님만이 제가 사랑할 분이십니다.
예수님의 이름으로 기도합니다. 아멘.

찬양 하나님의 음성을 / 주의 말씀 듣고서_204 (통 379)

성경 내가 주께만 범죄하여 주의 목전에 악을 행하였사오니 주께서 말씀하실 때에 의로우시다 하고 주께서 심판하실 때에 순전하시다 하리이다_시 51:4

묵상 우리게서 보이는 약함은 지금이 주님을 의지할 때임을 알려 줍니다. 우리에게서 보이는 강함은 지금이 깨어져야 할 때임을 알려 줍니다.

하루의 끝에서 주님의 도우심을
한 번 더 기억합니다°

하나님 아버지.
날마다 저를 지키시고 잠자리로 인도하시는 주님께 감사합니다.
마음이 답답하고 예민한 때에도 주님 주시는 위로가 제게 넘칩니다.

주님은 상하고 지친 영혼에 쉼을 주시는 분이십니다.
제 마음이 시험에 들지 않도록 환경도 조성하십니다.

주님은 적당한 쉼을 갖고서 할 일의 감당할 힘도 주십니다.
부담과 긴장감이 있는 때에도 은혜와 사랑으로 먹이십니다.

하루하루 주님께서 허락하시는 돌봄을 먹고 삽니다.
하루하루 주님의 위로와 사랑으로 쑥쑥 자랍니다.

주님은 저의 첫사랑이시며 제 마음의 영원한 안식처이십니다.
우리의 목자이신 예수님의 이름으로 기도합니다. 아멘.

찬양 시간을 뚫고 / 주는 나를 기르시는 목자_570 (통 453)

성경 여호와여 나의 발이 미끄러진다고 말할 때에 주의 인자하심이 나를 붙드셨사오며_시 94:18

묵상 말씀은 상황에 맞게 경험되는 능력이 있습니다. 이것이 매순간 우리가 말씀을 붙들어야 할 이유이기도 합니다. 다양한 상황 가운데 말씀이 삶으로 경험되는 능력을 더 많이 경험하기 원합니다.

주님께서 기뻐하시는 삶으로
나아갑니다°

주님, 저의 기도는 이기심을 버리는 데서 시작됩니다.
기도의 방향과 목적이 저 자신밖에 모를 때에는 주께서 저를 일깨워 주시길 원합니다.

주님을 향하는 참되고 자발적인 기도가 제 안에 넘칩니다.
주님은 주님을 위한 삶을 사는 자에게 기쁨을 주십니다.

주님은 모든 일의 근원이십니다.
주님은 모든 힘의 출발이십니다.

주님 안에서 주님 주시는 힘으로만 나아가기 원합니다.
주님을 향해서만 살기로 다짐합니다.

제 걸음을 오늘도 주관해 주세요.
제 삶을 오늘도 지도해 주세요.

주님은 자녀에게 선하시며 가장 완전하고 거룩하십니다.
저는 주님의 걸음을 신뢰합니다.
완전하신 예수님의 이름으로 기도합니다. 아멘.

찬양 주님 다시 오실 때까지 / 신자 되기 원합니다_463 (통 518)

성경 구하여도 받지 못함은 정욕으로 쓰려고 잘못 구하기 때문이라_약 4:3

묵상 처음에는 저의 사소한 욕심에서 나온 행동도 의식할 수 있었습니다. 그러나 그것을 반성할 기회를 놓치다
보니 제 마음의 동기를 아는 데 스스로 무감각해졌습니다. 그리고 다른 사람에게서 제 모습을 보면 저를 방
어하기 위해 그를 더욱 비난했습니다. 이것이 저라는 인간의 뼈아픈 실체이고, 제가 주님의 도우심을 필요
로 하는 이유입니다.

연약한 저를 살리신 주님은
위대하십니다°

거룩하신 주님. 그 누가 주님 앞에서 매일 자신의 삶을 점검하지 않을 수 있을까요?
주님께서 가장 완전하고 순수하며 의로운 분이신데 말입니다.
'의롭다 여김 받은'(롬 5:1) 저는 스스로 볼 때 볼품없는 자입니다.
여전히 죄와 씨름하는 작은 자입니다.
주님께서 살리시고 의롭게 여겨 주셨을 뿐입니다.

저의 죄를 가져가시고 십자가에 달려 죽으신 주님.
죄를 결코 '그냥 없다'라고 하실 수 없는 거룩한 주님.
그러나 스스로 죽으시면서 사랑을 보이시는 주님.
놀라우신 사랑에 저는 두 손 두 발 다 들었습니다.
저는 주님께만 경배합니다.
주님만 찬양합니다. 주님은 높고 깊으십니다.

주님의 발자취는 가장 아름답습니다. 주님께서 가신 길을 걷는 인생이 가장 복 됩니다.
날마다 새 날을 허락하시니 제 삶의 모든 감사 제목은 주님께 있습니다.
주님만이 찬양 받기 합당하십니다.
주님만이 참되고 위대한 만왕의 왕이십니다.
위대하신 예수님의 이름으로 기도합니다. 아멘.

찬양 예수님 그의 희생 기억할 때 / 갈보리산 위에_150 (통 135)

성경 만일 우리가 죄가 없다고 말하면 스스로 속이고 또 진리가 우리 속에 있지 아니할 것이요_요일 1:8

묵상 우리는 주님의 빛 앞에서의 우리 자신의 모습을 그려볼 때 죄인임을 고백할 수밖에 없습니다. 그럼에도 우리는 주님 앞에 담대히 나아갈 수 있는데, 이는 주님께서 우리를 타오르는 죄악의 수렁에서 건져 십자가 그늘 아래 머물게 하셨기 때문입니다.

먼저 사랑하는 자이고 싶습니다°

하나님 아버지.

이웃이 섬기기를 기다리기보다 제가 먼저 섬기기를 원합니다.

제 마음에 주님 사랑의 마음을 부어 주시길 원합니다.

이웃에 대한 관심과 섬김과 사랑이 제게 있기를 원합니다.

저는 기다림 받길 더 좋아합니다.

사랑 받길 더 좋아합니다. 섬김 받길 더 좋아합니다.

이것이 제 모습입니다.

주님 은혜를 충분히 경험하게 해 주세요.

사랑의 빚진 자로 살게 해 주세요.

사랑할 줄 모르는 저에게 주의 사랑을 알게 해 주세요.

이웃에게 관심을 갖고 이웃을 섬기며, 이웃에게 사랑을 베푸는 마음이 넘치게 해 주세요.

주님께서 저를 사랑하십니다.

주의 사랑을 전하게 하십니다.

주님의 사랑을 충만히 부어 주세요.

그리하여 사랑 전하는 일을 행하게 해 주세요.

예수님의 이름으로 기도합니다. 아멘.

찬양 섬김 / 하나님 사랑은_299 (통 418)

성경 또 마음을 다하고 지혜를 다하고 힘을 다하여 하나님을 사랑하는 것과 또 이웃을 자기 자신과 같이 사랑하는 것이 전체로 드리는 모든 번제물과 기타 제물보다 나으니이다_막 12:33

묵상 사람들이 다 알아주지 않아도, 결국 몰라 준다 해도 그 모든 것을 알아 주시는 한 분. 그분 앞에 낮아져, 이웃을 섬기고 사랑하는 모든 일을 행하기 원합니다. 마땅한 때에 높이고 낮추는 것은 주님만이 하시는 일입니다.

027

바른 지식과 풍성한 사랑으로
저를 지도해 주세요°

주님을 더 알기 원합니다.
주님을 더 사랑하기 원합니다.
주님을 알아가는 것과 사랑하는 것이 주님 받으실 만한 것이길 원합니다.

주님을 바르게 아는 지식을 더해 주세요.
주님을 순수하게 사랑하는 마음을 허락해 주세요.
주님에 대한 바른 지식과 풍성한 사랑이 가득하게 해 주세요.

저의 부족함과 미련함을 벗겨 주시길 원합니다.
주님의 긍휼로 저를 보살펴 주시길 원합니다.
주님의 사랑으로 저를 변화시켜 주시길 원합니다.
진리와 생명이신 예수님의 이름으로 기도합니다. 아멘.

주 내 소망은 주 더 알기 원합니다 / 예수 더 알기 원하네_453 (통 506)

너희가 성경에서 영생을 얻는 줄 생각하고 성경을 연구하거니와 이 성경이 곧 내게 대하여 증언하는 것이 니라_요 5:39

나에게 기쁨이 되는 말씀은 철썩 같이 따르면서, 나를 반성하게 하는 말씀에는 삶의 열매를 맺지 못했습니다. 심지어 회피했습니다. 그래서 아직도 이런 모습입니다. 고집스럽고 완고한 심령을 끊어 내고자 주님 앞으로 더 가까이 나아갑니다.

제 모든 시선을 주님께로 향합니다°

주님의 말씀을 가르쳐 주세요.
주님의 마음을 알게 해 주세요.
주님의 말씀과 마음으로부터 멀리 떨어져 있다면 돌이키게 해 주세요.
주님께로 돌아갈 길도 주님께서 내 주세요.

저는 쉽게 말씀을 떠나 저의 욕망을 따릅니다.
하지만 제 중심은 늘 주님의 영광을 사모합니다.
제가 늘 주님 앞에 머무는 자로 살기 원합니다.

하늘과 땅과 바다와 모든 생물도 주님의 영광을 드러냅니다.
제가 바라보고 사모할 곳도 주님의 영광밖에는 없습니다.

제 모든 시선을 사로잡아 주세요.
주님은 제 모든 시선을 사로잡으시기에 부족함이 없습니다.
모든 것 되시는 예수님의 이름으로 기도합니다. 아멘.

찬양 시선 / 눈을 들어 하늘 보라_515 (통 256)

성경 내가 주의 권능과 영광을 보기 위하여 이와 같이 성소에서 주를 바라보았나이다_시 63:2

묵상 기도하지 않으면 우리의 영혼은 메말라서 살 수가 없습니다. 그런데도 우리는 툭하면 우리 영혼을 영양실조에 걸리게 만듭니다. 운동으로 몸을 가꾸듯 기도로 영을 가꾸는 훈련이 필요합니다.

029

저 밖에 모르는 마음을 버리고
주님을 따르게 해 주세요°

거룩하신 주님.
저만을 아는 마음의 자리들을 하나씩 내어놓습니다.
그 자리의 주인으로 주님을 초청합니다.
주님의 마음으로 이웃도 초대합니다.

늘 씨름하나 여전히 약한 저를 긍휼히 여겨 주세요.
저는 여전히, 가장 좋고 편한 자리에 제 자신을 두는 자입니다.

주님의 마음과 사랑을 깨닫게 해 주세요.
정직한 마음을 새롭게 해 주세요.
주님께서 알려주신 것대로 사는 결단과 지혜와 용기를 주세요.
주님께서 주신 진리와 생명이 삶으로 이어지게 해 주세요.

주님은 저보다 크시고 옳으십니다.
중심을 아시는 예수님의 이름으로 기도합니다. 아멘.

찬양 정결한 맘 주시옵소서 / 나 주를 멀리 떠났다_273 (통 331)

성경 하나님이여 내 속에 정한 마음을 창조하시고 내 안에 정직한 영을 새롭게 하소서_시 51:10

묵상 사람 앞에서 잘하는 부분이 늘어 가지만 하나님 앞에서 잘하는 부분은 늘어 가지 않습니다. 주님의 도움과 은혜를 구합니다. 우리가 어디를 바라보고 살아가야 할지 확실히 해야겠습니다.

030

주님의 마음과 사랑을 부어 주세요°

주님 앞에서 제 자신을 다시 돌아봅니다.
제 자신을 돌아볼 자리가 그동안 너무 적었습니다.
제 자신을 돌아볼 때 큰 은혜 베푸실 주님이 두려웠기 때문입니다.
받은 은혜로, 저 자신보다 타인을 더 사랑할까봐 그랬습니다.

저의 부족함과 연약함을 보는 눈이 열리게 해 주세요.
주님의 행하심에 더욱 감격하며 살도록 열정을 회복해 주세요.
돌아봄의 시간이 제 자신만을 위한 것이 되지 않도록 양심을 살려 주세요.

주님만이 제 인생을 지도해 주시길 원합니다.
세상의 방식이나 제 지식을 따르지 않길 원합니다.
제 심장도, 제 중심도 주님 앞에 모두 점검받기를 원합니다.

주님의 도를 배우기 원합니다.
주님의 눈빛으로 저를 휘감아 주시길 원합니다.
주님께 붙들린 인생으로 살기를 원합니다.
주님만을 더 사랑하겠습니다.
주님을 더 잘 배우고, 더 닮아가겠습니다.
예수님의 이름으로 기도합니다. 아멘.

성경 그들이 속으로 이렇게 생각하는 줄을 예수께서 곧 중심에 아시고 이르시되 어찌하여 이것을 마음에 생각하느냐_막 2:8

묵상 차로를 거침없이 무단 횡단하던 30대 여성이 절반쯤 가더니, 오던 길로 되돌아가는 것을 봅니다. 절반을 건널 용기라면 차가 거의 없는 이때 뭘 굳이 돌아가는지 의문이 드는데, 저 멀리서 경찰차가 보입니다. 저 멀리 있는 경찰차를 보고서도 저렇게 긴장을 하는데, 우리라는 그리스도인은 과연 얼마나 주님의 지켜보심을 의식하고 지냈을까요?

하나님께 올려드리는 나의 기도

03

간구와
도고'

하나님 앞에서 사는
그리스도인

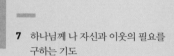

"기도의 비밀"

제가 다녔던 고등학교가 기독교 학교였기에 교내에 기도실이 있었습니다. 하지만 학생이나 선생님들 중에 기독교인은 거의 없었습니다. 그래서 기도실은 저만 애용하는 공간이었습니다.

저는 학교에서 유명한(?) 기독교인 반장이었고, 가끔 기독교인이라는 것을 유난히 놀리는 친구도 있었습니다. 언젠가 한 친구의 기독교에 대한 조롱으로 마음이 너무 상했던 기억이 납니다. 그 며칠은 점심시간마다 기도실에 가서 눈물로 하나님 앞에 나아갔던 기억이 납니다.

그런데 기도실에 갈 때마다 신기한 경험을 했습니다. 기도실에 갈 때는 분명 항상 답답하고 힘든 마음이었습니다. 하지만 거기서 마음을 쏟고 나올 때는 거짓말처럼 마음이 편안해져 있었습니다. 기도가 간증이 되는 경험은 고등학생 시절부터 저에게 계속 있어 왔습니다.

이것은 주님께서 그때에나 지금이나 저와 늘 함께 하신다는 감사가 됩니다. 기도는 무엇보다 저에게 위로와 견디는 힘이 되어 주었습니다. 또 조롱하는 친구까지도 조금은 마음에 품을 수 있게 하는 원동력이 되었습니다.

"나를 위한 기도와 남을 위한 기도"

저는 주님께서 부족한 저를 도우시고 하나님 뜻대로 살아가게 해 달라는 기도를 가장 많이 합니다. 이것이 간구의 기도이죠. 여기에는 주님께서 하루 한 날 먹을 것과 입을 것을 주시고 제 삶의 모든 자리까지 주관하여 주시기를 바라는 것이 포함됩니다. 또 간구 기도를 함으로써 주님과 저 자신만 아는 은밀하고 연약한 부분을 붙잡아 달라고 날마다 주님의 도우심을 구할 수도 있습니다.

한편, 이번 챕터(간구와 도고)에서는 앞서 말한 저 자신을 위한 간구 기도와 남을 위한 기도인 도고 기도(중보 기도)를 함께 묶었습니다. 이는, 자신의 연약함을 놓고 하는 기도는 사실 공동체와 다른 사람을 위한 기도가 함께 있어야 균형을 갖는다고 생각했기 때문입니다. 신앙생활은 반드시 혼자가 아닌 다른 사람과 함께 하는 공동체를 통해 이루어집니다. 그리고 남을 위한 기도를 하다 보면, 자신의 신앙과 기도가 크게 성장하기도 합니다.

간구와 도고를 함께 묶어 생각해 볼 때, 저는 개인 기도(특히 관계 문제로 인한 기도)가 정말로 다른 사람에 대한 기도와 밀접한 연관이 있다는 확신이 들었습니다. 또 이웃을 위한 기도는 그 사람에 대한 저의 마음과 사랑이 일어나게 하고 저의 태도까지도 바꾸었습니다.

앞으로도 저는 제 자신을 위한 기도를 그칠 수 없습니다. 제가 '저 자신'으로 태어났고, 또 계속해서 그렇게 살아갈 것이기 때문입니다. 그러나 기도를 통해 조금이나마 이웃의 마음이 되어 보고 싶습니다.

그를 위한 기도와 사랑으로 한 걸음 더 나아가는 삶을 살길 원합니다.

흔들리는 제 마음은
주님께서 잡아 주십니다°

주님. 제 마음을 붙잡아 주시길 원합니다.
무엇을 해야 하고 어디로 가야 할지 저는 정확히 알지 못합니다.
어떤 선택과 결정이 제게 유익하고, 지혜롭고, 맞는 것인지 저는 항상 헷갈립니다.

주님. 어떤 일을 당하더라도 주님을 떠나지 않길 원합니다.
혹시라도 주님의 회초리가 제 머리 위에 있다면 돌이키길 원합니다.
언제라도 주의 말씀 앞에 제 마음이 부드럽고 죄에 민감하기를 원합니다.

모든 것은 주님께서 주시고 허락하십니다.
저는 주님께서 계시기에 어떤 상황에서도 안심할 수 있습니다.
주님은 온 우주의 통치자이시며, 주님 손에 모든 것이 달렸습니다.

주님은 높고 위대하시며 한결같으십니다.
주께서 필요하신 대로 저를 주의 도구로 사용해 주세요.
예수님의 이름으로 기도합니다. 아멘.

찬양 세상 흔들리고 사람들은 변하여도 / 험한 시험 물 속에서_400 (통 463)

성경 다니엘이 이 조서에 왕의 도장이 찍힌 것을 알고도 자기 집에 돌아가서는 윗방에 올라가 예루살렘으로 향한 창문을 열고 전에 하던 대로 하루 세 번씩 무릎을 꿇고 기도하며 그의 하나님께 감사하였더라_단 6:10

묵상 우리 삶에 폭풍우와 비바람이 몰아쳐도 우리는 주님 안에서 안심할 수 있습니다. 주님은 어떤 거센 파도도 꾸짖을 수 있는 분이시기 때문입니다. 주님은 한마디 말로도 세상을 지으셨고, 한결같이 다스리시는 분이십니다. 우리는 오늘도 그 주님을 의지하기에 평안이 있습니다.

생각 만큼 살아내지 못하기에
주님을 더욱 바라봅니다°

하나님 아버지. 생각과 말과 기도만으로는 제 행동이 변하지 않습니다.

자세와 태도가 변하지 않습니다.

주님의 은혜가 날마다 필요합니다.

저는 주님의 도우심과 주님을 의지함 없이 살 수가 없습니다.

약한 저는 그리스도의 능력만을 의지하며 살기 원합니다.

주님. 주님은 저를 만드시고 인도하시며 기도하게 하십니다.

주님은 제 기도로 주님 나라를 이루어 가십니다.

주님은 제 섬김으로 주님 나라를 확장해 가십니다.

주님. 제 기도가 더욱 주님께서 쓰실 만한 것이길 원합니다.

그때에 제 기도가 더욱 능력 있길 원합니다.

주님을 향한 제 사랑의 고백과 간구가 제 삶을 이끌어 가길 원합니다.

하나님 아버지. 저에게 필요한 것이 무엇인지 주님께서 다 아십니다.

주님께서 아버지이시므로 저는 마음이 평안합니다.

오늘 저에게 필요한 것들을 베푸시고, 앞서 가셔서 제 앞길을 인도해 주세요.

주님 발자취를 따르는 삶을 살기 원합니다.

지혜와 명철이 많으신 예수님의 이름으로 기도합니다. 아멘.

찬양 주 사랑이 나를 숨 쉬게 해 / 내 구주 예수를 더욱 사랑_314 (통 511)

성경 자기 자신은 광야로 들어가 하룻길쯤 가서 한 로뎀 나무 아래에 앉아서 자기가 죽기를 원하여 이르되 여호와여 넉넉하오니 지금 내 생명을 거두시옵소서 나는 내 조상들보다 낫지 못하니이다 하고 로뎀 나무 아래에 누워 자더니 천사가 그를 어루만지며 그에게 이르되 일어나서 먹으라 하는지라_왕상 19:4-5

묵상 세상은 당장의 결과만을 알아 줍니다. 그러나 좀 부족해도 괜찮습니다. 그것이 내가 할 수 있는 최선이었다면요. 누구도 하나님 앞에서 완전할 수 없기에, 그리스도인은 능력이 아니라 성실로 살고, 이것으로 빛날 뿐입니다.

033

저는 주님의 신실하심에
기대어 있습니다°

주님. 저는 말이 너무 가볍습니다. 입술로는 못하는 것이 없습니다.

하나님 앞에 설 때, 저의 존재는 너무나 얄팍하여 벗은 몸과 같습니다.

그러나 주님은 한마디 한마디가 신실하고 무거우십니다.

주님은 약속을 하시면 이루십니다. 신실하고 공의로우심 그 자체이십니다.

저의 말과 행동이 주님을 닮기 원합니다.

저의 고백이 주님을 향하기 원합니다.

저의 생각이 말씀으로 서길 원합니다.

제가 고백하는 대로 주님의 아름다움을 드러내는 삶 살길 원합니다.

제 가벼움은 주님의 신실하심에만 기대어 있습니다.

그때에만 제 가벼움도 비로소 안정적인 자리에 정착합니다.

있다가도 없는 구름과 흔들리길 반복하는 꽃을 봅니다.

그러나 제가 바라는 것은 '주바라기'가 되는 것입니다.

제 인생은 주님께만 있습니다. 제 고백과 만남과 생활은 주님의 신실하심만 닮겠습니다.

주님은 제 안에 가장 큰 평안과 안식을 주십니다.

제가 만족할 수 있는 것은 주님의 풍요로움 덕분입니다.

기댈 수 있는 분, 예수님의 이름으로 기도합니다. 아멘.

찬양 신실하게 진실하게 / 내 모든 소원 기도의 제목_452 (통 505)

성경 주는 한결같으시고 주의 연대는 무궁하리이다_시 102:27

묵상 이런 말도 할 줄 아는 나 자신이 자랑스럽고 뿌듯할 때가 있습니다. 그런데 그러는 사이에 '진짜 나'는 주님
만 아신다고 생각합니다. 마찬가지로, 다른 사람이 잘못된 말을 했다고 느낄 때에도 '진짜 그 사람'은 주님
만 아신다는 마음을 품습니다.

034

주님의 나라를 위해
준비된 다음 세대를 세워 주세요°

하나님 아버지. 오늘은 우리의 다음 세대를 위해서 기도합니다.
주님을 기쁘시게 해 드리는 다음 세대가 일어나길 기도합니다.

이들이 세상의 유혹과 시험에 무너지지 않고 담대하게 주님 뜻대로 살기를 원합니다.
이들을 주님의 나라를 찾고 구하는 자들로 세우시길 원합니다.
이들에게서 이기적인 마음과 비교하려는 마음이 있다면 과감히 내려놓게 되길 원합니다.
이들이 걸어가는 삶이 주님께 쓰임 받는 한 걸음 한 걸음이 되길 원합니다.

혹시 제 부족함이 세상의 손가락질을 당하고 있다면 저를 긍휼히 여겨 주세요.
저 때문에 다음 세대 기독교인들이 이 땅에서 손가락질을 받게 될까 두렵습니다.
우리 세대가 다음 세대의 믿음의 본이 되기에 부족함이 없게 되길 원합니다.
여호수아 같이, 제가 주님 보시기에 '여호와의 종'으로 여김 받는 사람이길 원합니다(삿 2:8).

연약한 저는 주님의 인도하심만을 구합니다.
주님의 긍휼을 베풀어 주시길 간절히 원합니다.
주님은 이 땅에서 기도하는 자를 보시고, 그 기도를 들으신다고 믿습니다.
우리의 중보자이신 예수님의 이름으로 기도합니다. 아멘.

찬양 사망의 그늘에 앉아 / 천성을 향해 가는 성도들아_359 (통 401)

성경 이는 우리가 들어서 아는 바요 우리의 조상들이 우리에게 전한 바라 우리가 이를 그들의 자손에게 숨기지 아니하고 여호와의 영예와 그의 능력과 그가 행하신 기이한 사적을 후대에 전하리로다_시 78:3-4

묵상 우리 삶을 통해 세상의 많은 사람이 주께 돌아오기를 원합니다. 우리 찬양을 통해 하나님의 나라가 임하길 원합니다. 주님께서 우리 언행을 통해 세상에 그리스도의 빛을 비추시길 원합니다. 우리는 메마른 땅의 샘물입니다. 우리는 철을 따라 열매 맺으며 마르지 않는 시냇가의 나무(시 1:3) 같습니다.

035

이 땅의 교회가 주님의 지혜로
살게 해 주세요°

하나님 아버지. 저에게 주님을 아는 지식을 부어 주세요.
말씀을 깊이 깨우쳐 아는 은혜를 허락해 주세요.
말씀의 지식과 기도의 감동이 제 가슴 깊숙한 곳까지 움직여 주길 원합니다.
변화된 마음으로 하나님 나라를 위해 살기 원합니다.

이 땅의 교회를 위해서 기도합니다.
말씀을 아는 지식과 기도의 감동으로 우리의 신앙이 새롭게 되길 원합니다.
배우고 들은 내용을 머리로만 알지 않기를 원합니다.
그것이 우리 가슴 깊숙한 곳에서부터 변화된 모습을 가져오게 해 주시길 원합니다.

교회를 섬기는 모든 이들에게도 변화된 심령을 허락해 주시길 원합니다.
앞서 섬기는 자들이 가르치는 자로 있기 전에 먼저 예배자로 서길 원합니다.

주님을 따르는 우리가 되게 해 주세요.
주님의 지도를 받는 우리가 되게 해 주세요.
참된 교사이신 예수님의 이름으로 기도합니다. 아멘.

찬양 주를 위한 이곳에 / 여기에 모인 우리_620

성경 우리가 그를 전파하여 각 사람을 권하고 모든 지혜로 각 사람을 가르침은 각 사람을 그리스도 안에서 완전한 자로 세우려 함이니 이를 위하여 나도 내 속에서 능력으로 역사하시는 이의 역사를 따라 힘을 다하여 수고하노라_골 1:28-29

묵상 그냥 '이 사람'이라서 좋고, '이 사람'이 말해서 좋은 것이 있습니다. 누군가에게 그런 신뢰와 사랑을 받는 사람이 되고 싶습니다. 또 주님 안에 있는 거룩함을 더욱 닮아가, 주님을 사람들에게 더욱 잘 전하는 사람이 되길 소망합니다.

036

날마다 주님께 충성하겠습니다°

신실하신 주님. 주님의 사랑만 저를 살립니다.

주님의 은혜만 저를 세웁니다.

주님의 성실하심만 저의 본입니다.

저에게 주님을 따르는 마음을 주시길 원합니다.

주님 기쁘시게 하는 삶 살기를 원합니다.

주님 주신 사명을 따라 살기 원합니다.

주님이 주시는 성실로 살고 싶습니다.

주님의 계획으로 저를 인도해 주세요.

다시 오실 주님. 주님 다시 오시는 날에 제가 주님께 듣고 싶은 말은 이것뿐입니다.

"잘하였도다. 착하고 충성된 종아"(마 25:34)

이를 위해 저에게 맡기신 역할을 기쁨으로 충성스럽게 감당하기 원합니다.

그러기 위한 주님의 힘과 지혜도 늘 구합니다.

게으름을 멀리하게 해 주세요.

안일함을 미워하게 해 주세요.

주님을 따름만이 제 안에 넘치게 해 주세요.

예수님의 이름으로 기도합니다. 아멘.

성경 눈물을 흘리며 씨를 뿌리는 자는 기쁨으로 거두리로다_시 126:5

묵상 저는 단점이 많습니다. 그러나 그 단점을 장점으로 바꿔 나가고자 합니다. 그래서 주님이 쓰시기에 부족함 없는 그릇으로 소신껏 충성하며 살고 싶습니다. 우리를 만드신 주님께서 그렇게 저를 인도하실 것을 기대합니다.

037

주님께서 원하고 기뻐하시는 공동체를
세워 나가기 원합니다°

주님. 저에게 지혜롭고 겸손한 마음을 주세요.

주님을 기쁘시게 하는 공동체에 참여하게 해 주세요.

지혜롭고 겸손하게 주님의 일을 감당하게 해 주세요.

주님의 사랑이 필요하지만, 우리의 마음과 생각이 닿지 않는 곳이 있습니다.

주님께서 그곳을 찾아가 주세요.

주님을 섬기는 마음으로, 우리 또한 주님의 사랑이 필요한 분들을 찾아가게 해 주세요.

주님. 이 땅의 교회들을 위해서 기도합니다.

경제적 자립이 어려운 교회와 교인들을 기억해 주세요.

다툼과 분쟁이 많은 교회들, 법정에까지 가서 서로를 원수로 여기는 교회들에도

주님의 긍휼을 베풀어 주세요.

주님의 도우심을 간절히 필요로 하는 교회가 참으로 많습니다.

저 역시도 주님 주신 말씀을 따라 산다고 하면서, 부족함이 많음을 고백합니다.

저에게 주님의 지혜와 사랑이 날마다 부어져야 함을 고백합니다.

주님, 저를 이끌어주세요. 우리에게 은혜를 베풀어 주세요.

주님이 기뻐하시는 교회들로 세워지게 해 주세요.

주님이 원하시고 기뻐하시는 공동체가 세워지게 해 주세요.

그러한 우리의 공동체가 되길 원합니다.

교회의 머리가 되시는 예수님의 이름으로 기도합니다. 아멘.

찬양 우리는 주의 움직이는 교회 / 하나님의 진리 등대_510 (통 276)

성경 주의 손이 그들과 함께 하시매 수많은 사람들이 믿고 주께 돌아오더라_행 11:21

묵상 장애인을 돕는 어느 한 단체가 주최한 행사에 참여한 적이 있습니다. 그때 안내하시던 분의 걸음걸이가 어색함을 뒤늦게 알았습니다. 조금 불편하지만 좀 더 불편한 사람을 돕는 분이었습니다. 그분을 보면서 알게 되었습니다. 완벽하지 않은 사람을 돕는 덜 완벽한 사람의 일이 바로 나의 일이라는 것을….

038

우리가 연약한 그 때에 주님께서
우릴 위해 죽으셨습니다°

주님. 주님 앞에서 진지하고 성실한 신앙을 가지고 살아가는

저 성도님의 모습이 참 아름답습니다.

남들에게 보이지 않는 곳에서 하는 진실한 수고와 성실한 헌신을 주님께서 아십니다.

그런데 오늘은 이분 때문에 제 마음이 아픕니다.

이 성도님이 자신의 실수 때문에 속상해 하며 크게 자책하고 있기 때문입니다.

주님 앞에서 잘해 보려 했는데, 자기는 그런 사람이 되지 못했다며 마음이 무너져 있습니다.

주님. 이 성도님의 가련한 마음을 주님께서 불쌍히 여겨 주시길 원합니다.

주님께서 찾아가셔서 위로해 주시길 원합니다.

우리가 연약할 때 주님께서 우릴 위해 십자가에 달려 죽으셨음을 기억하며

담대히 주님 앞으로 나아가길 원합니다(롬 5:6-11).

우리가 마음이 무너질 때에도 주님을 바라보아야 할 자들임을 깨우쳐 주시길 원합니다.

이미 받은 은혜와 복음을 늘 마음에 간직하길 원합니다.

우리는 하나님 앞에 날마다 감사할 사람들이기 때문입니다.

마음이 때로는 무너질 때가 있지만, 그때도 주님은 우리에게 사랑을 베풀어 주십니다.

언제 어느 때든지 주님을 따르는 삶을 사는 우리이길 소원합니다.

주님의 사랑이 우리를 버리지 않기에, 우리는 날마다 주님을 찬미할 수 있습니다.

우리가 아직 죄인 되었을 때에 우릴 위해 십자가에 달려 죽으신

예수님의 이름으로 기도합니다. 아멘.

찬양 주께 가오니 / 마음속에 근심 있는 사람_365 (통 484)

성경 우리가 아직 연약할 때에 기약대로 그리스도께서 경건하지 않은 자를 위하여 죽으셨도다_롬 5:6

묵상 해결이 날 기미가 보이지 않는 삶의 여정일지라도 주님께서 결국 선하게 인도하시고 승리하신다는 것을 기억합니다.

039

환난 중에도 저를 다스리는 분은
주님이십니다°

주님. 주님의 말씀으로 저를 지도하고 교훈해 주세요.
저는 말씀이 아니고서는 세상을 감당하지 못합니다.
눈이 어둡고 마음이 강인하지 못하기 때문입니다.
주님의 도우심을 입고도 곧바로 염려와 근심에 빠지기 일쑤입니다.

주님. 주님께 나아갈 때,
주님의 '강한 손과 펴신 팔'(시 136:12)의 능력을 경험합니다.
주님은 저의 열악한 환경, 적은 물질, 곤고한 심령보다 강하십니다.
저의 참 소망이 되십니다.
제가 어느 때에라도 무너지지 않을 것은 주님께서 저와 함께 하시기 때문입니다.

환난과 해로움이 찾아온다 할지라도 저는 멸망당하지 않습니다.
죄악에서 돌이켜 나아갈 곳은 언제나 주님뿐이십니다.

주님은 자나 깨나 저를 살펴주시는 분이십니다.
주님을 사랑합니다. 주님을 찬양합니다.
저를 보호하시는 예수님의 이름으로 기도합니다. 아멘.

찬양 세상의 유혹 시험이 내게 몰려올 때에 / 너 시험을 당해_342 (통 395)

성경 여호와가 너를 항상 인도하여 메마른 곳에서도 네 영혼을 만족하게 하며 네 뼈를 견고하게 하리니 너는 물 댄 동산 같겠고 물이 끊어지지 아니하는 샘 같을 것이라_사 58:11

묵상 주님을 믿습니다. 아니, 믿어집니다. 믿어지는 은혜가 놀랍습니다. 눈 앞에 보이지 않는 주님이 믿어지는 것이 신비롭습니다. 이 모든 것은 주님이 살아계시고 내게 말씀하시기 때문에 가능합니다. 이러므로 우리 가 따를 분은 오직 주님뿐이십니다.

040

사랑의 주님으로 인해´
한 번 더 사랑합니다°

주님. 사람을 사랑하는 일은 참으로 아픈 일입니다.
온 신경을 다하고, 마음을 쓰고, 생각을 쏟아야 하는 일입니다.
때로는 이 일이 저를 지치게 합니다.

그러나 죄인을 위해 죽으신 가장 의로우신 주 예수님을 기억합니다.
제 힘으로는 사랑하기 어려우므로 주님을 더욱 생각합니다.

주님을 마음에 모시니 위로와 사랑이 찾아듭니다.
주님께서 저를 위해 죽으심이 가슴에 새겨집니다.
주님께서 제 마음의 중심이 되시니, 사람을 사랑함도 행복이 됩니다.
주님께서 걸으신 사랑의 걸음을 따라 걸음으로 저에게 기쁨이 있습니다.

여전히 저는 많이 무너집니다.
그러나 저에게 사랑을 알게 하시고 사랑을 하게 하시니,
이것이 제 삶에 가장 큰 선물입니다.
주 안에서 사랑받고 또 더욱 사랑하길 원합니다.
날마다 사랑을 베푸시는 주님께 감사합니다.
사랑의 주, 예수님의 이름으로 기도합니다. 아멘.

찬양 예수님 그의 희생 기억할 때 / 주와 같이 되기를_454 (통 508)

성경 오직 선을 행함과 서로 나누어 주기를 잊지 말라 하나님은 이같은 제사를 기뻐하시느니라_히 13:16

묵상 만일 나를 위해 기도하는 한 사람이 있다면, 나는 사랑받는 자입니다. 그리고 이제껏 나를 위해 기도해 주시는 분들이 있었기에, 우리가 사랑받는 자로 자라 왔습니다. 이번에는 우리가 누군가를 위해 기도하기 원합니다. 그래서 그도 사랑받는 자가 되기를 바랍니다. 기도할 때 우리가 그를 좀 더 사랑하고 이해하게 될 것 또한 기대합니다.

041

주님의 크심을 알기 원합니다°

주님. 주님의 마음은 종종 제 생각 혹은 제 기도와 너무도 다릅니다.

주님은 저와 저의 것을 모두 초월하는 하나님이십니다.

제가 다 이해할 수 있었다면 그분은 하나님이 아니셨을 것입니다.

어떤 상황에서도 주님의 인도하심에 순응하며 살기를 원합니다.

사도행전에서 주님은 야고보를 살려 달라는 기도에 응답하지 않으셨습니다(행 12:1-2).

그러나 베드로를 살려 달라는 기도에는 응답하셨습니다(행 12:5-7).

하나님은 야고보가 감옥에서 목이 베어 순교하도록 두셨습니다.

베드로가 감옥에서 기적을 경험하고 풀려나게 하셨습니다.

저는 주님의 행적을 다 이해하지 못하고, 주님은 늘 저의 생각을 넘어섭니다.

주님은 제게 기도하라 명하시고 기도할 때 응답을 주시겠다고 하십니다.

기도할 때, 주님은 참으로 응답하시고 일하시는 분입니다.

그러나 주님의 응답하시는 일하심이 때로는 베일에 감싸여 있습니다.

저의 작은 머리로는, 주님의 응답하심이 이해되지 않을 때가 있습니다.

그러나 주님은 온 우주의 왕으로 일하십니다.

주님은 우리의 찬양을 받기에 부족함이 없으십니다.

주님은 우리의 아버지가 되시고 어떤 상황에서도 신실하십니다.

주님은 가장 고귀하고 거룩하시며, 완전하고 신실하시며, 인자가 넘치는 분이십니다.

주님을 찬양합니다. 예수님의 이름으로 기도합니다. 아멘.

찬양 나보다 나를 잘 아시는 주님 / 주의 영광 빛나니_132 (통 38)

성경 고난 당한 것이 내게 유익이라 이로 말미암아 내가 주의 율례들을 배우게 되었나이다_시 119:71

묵상 시간이 지나서 지금의 내 모습을 회상할 때, 무슨 일에든지 감사하고 기뻐했던 모습으로 돌이켜볼 수 있기를 바랍니다.

제가 따를 분은
주님밖에 없습니다°

주님. 제가 눈에 보이지 않는 헛된 이상만을 쫓지 않게 해 주세요.
주님께서 이미 허락하신 귀한 것이 있는데도 만족하지 못할까 두렵습니다.
'부족하다, 부족하다'라고만 말할까 염려됩니다.

제가 눈에 보이는 것에만 집착하지 않게 해 주세요.
주님께서 주신 예수님 안에서의 소망을 누리지 못할까 두렵습니다.
이 땅의 고민에 제 영혼을 내어줄까 염려 됩니다.

주님께서 저의 주인 되어 주세요.
우리 가정의 주인 되어 주세요.

주님 안에서만 저는 안심합니다.
주님만으로 만족할 수 있도록 주께서 저를 지으셨습니다.

제가 따를 유일한 분이 되시는 예수님의 이름으로 기도합니다. 아멘.

찬양 내 눈 주의 영광을 보네 / 오 놀라운 구세주_391 (통 446)

성경 위의 것을 생각하고 땅의 것을 생각하지 말라_골 3:2

묵상 저 자신을 의지해 살아갈 때, 때로는 불안감과 강박증이 찾아왔습니다. 그러나 그때에 주님을 떠올리자 제 마음에 소망이 찾아왔고 마음이 평안해 졌습니다.

043

허락된 상황에서
주님의 마음이 어디 있는지 생각합니다°

주님. 저에게 주어진 일은 주님께서 모두 허락하신 일입니다.
그러하기에, 제 마음에 들지 않는 일이어도
저는 주님께서 허락하신 길을 가겠습니다.

때로는, 주님의 일하심이 어디에 있는지 몰라 주님께 지혜를 구합니다.
그러나 담대히 주님을 신뢰함으로 용감하게 오늘 하루를 살아갑니다.

마음에 원망과 낙심함이 있을 때에도 주님은 신실하십니다.
주어진 상황 속에서 주님을 찾길 바라십니다.

주님께서 원하시면 이 상황을 정죄하지 않겠습니다.
주님께서 바라시면 하던 일을 포기하지 않겠습니다.
주님은 제가 어떻게 해야 할지 가장 잘 아십니다.

주님, 제 마음을 다스려 주세요.
예수님의 이름으로 기도합니다. 아멘.

찬양 모든 상황 속에서 / 이 눈에 아무 증거 아니 보여도_545 (통 344)

성경 우리가 알거니와 하나님을 사랑하는 자 곧 그의 뜻대로 부르심을 입은 자들에게는 모든 것이 합력하여 선을 이루느니라_롬 8:28

묵상 우리는 다양한 것에 힘을 소모해 버리곤 합니다. 누군가의 말을 지나치게 신경 쓰거나, 나와 상관없는 일에 마음을 두거나, 삶을 흔드는 고난 때문에 말입니다. 그러나 이 일들은 모두 자만을 버리고, 겸손을 갖게 하며, 주님을 의지하게 하는 계기가 되기도 합니다. 내가 어렵다고 느끼는 일들을 주님께서 내게 유익이 되는 방식으로 바라볼 수 있도록 해 주신 것입니다.

상처 받은 영혼은 주님 안에서
위로를 얻습니다°

주님. 저 자신도 모르는 사이에 제 마음이 상합니다.
저 자신도 모르는 사이에 그 상한 마음으로 누군가를 함부로 대합니다.

주님은 제가 감정적이고 감정 표현에 서툰 것을 잘 아십니다.
주님은 저의 마음을 따뜻하게 살피셔서 누군가를 따뜻하게 돌아보게도 하십니다.

주님께서 저의 작은 손과 약한 마음을
주님의 크고 신실한 두 팔로 안아 주시길 원합니다.

우리는 주님의 넓은 품이 필요합니다.
우리는 주님의 따뜻한 시선으로만 안심합니다.

저의 영혼이 주 안에서 잠잠해집니다.
주님의 위로가 저를 평안케 합니다.
제가 주님 안에 머물러 있기 때문입니다.
예수님의 이름으로 기도합니다. 아멘.

찬양 주를 만났네 / 너 근심 걱정 말아라_382 (통 432)

성경 내가 환난 중에서 여호와께 아뢰며 나의 하나님께 부르짖었더니 그가 그의 성전에서 내 소리를 들으심이여 그의 앞에서 나의 부르짖음이 그의 귀에 들렸도다_시 18:6

묵상 "주를 만났네"라는 찬양 안에 제 마음이 너무 잘 담겨져 있습니다. 저에게도 주님을 만난 뒤 이러한 큰 위로와 기쁨이 있었습니다. 작사자의 경험이 깊이 와닿습니다. 눈물어린 감격들을 수없이 떠올립니다. 이 찬양을 듣는 다른 누군가에게도 이런 감격이 있을 거라 기대하니 더욱 행복합니다.

하나님께 올려드리는 나의 기도

04

구원에 대한
반응(감사)

하나님 앞에서 사는
그리스도인

"우리는 믿음으로 바라보는 보물을
기도로 얻습니다"

주님은 '주권적으로' 합력하여 주님의 뜻과 선을 이루십니다(롬 8:28). 그리고 주님은 우리가 기도하는 것을 '듣고 응답'하십니다(렘 29:12). '주님께서 계획하신 대로' 이루신다는 것과 주님께서 우리의 기도를 '듣고 응답'하신다는 것이 어찌 보면 모순처럼 보입니다. 자기 '뜻대로' 하신다는 것인지, 우리 기도를 '듣고' 뜻을 새로 추가하거나 중간에 바꾸기도 하신다는 것인지 매우 아리송합니다. 그래서 어떤 사람은 우리가 굳이 기도할 필요가 없다고까지 말합니다. 어차피 하나님은 자신의 주권대로 해야 할 일을 알아서 하실 거라고 말입니다.

그런데 이것은 주님의 주권과 기도라는 신비 사이에서 자신의 이해되지 않는 생각을 억지로 잘못 풀어낸 결과입니다. 우리가 하나님의 신비가 작동되는 방식을 구체적이고 합리적으로 설명할 수 없다고 해서, 하나님께서 우리 기도를 듣고 일하지 못하시는 것이 아니기 때문입니다. 하나님은 '주권적으로' 일하시는 분이시고, 가장 신비롭게 우리 기도도 '들으시고 역사하시는' 분이시라 할 수 있습니다.

하나님의 주권을 강조했던 신학자, 장 칼뱅은 기도에 관해 다음과 같은 유명한 말을 했습니다. "우리의 믿음이 바라보는 보화를 기도로 캐내자"(기독교강요 3권 20장 2절) 이를 통해 아무리 하나님의 주권을 강조하는 분이라고 해도 기도의 중요성을 배제하지 않았다는 사실을 알 수 있습니다. 이 말에 따르면, 기도는 우리의 믿음이 원하고 있는 그 보화를 캐어 우리 삶으로 연결해 주고 결국 우리를 풍요롭게 해 주는 것이니까 말입니다.

사실 기도의 능력은 우리가 다른 누구의 말을 통해서가 아니라 직접 기도해 볼 때 '주님의 함께 하심'으로 경험됩니다. 기도는 우리에게 말씀과 더불어 하나님의 은혜를 체험할 수 있게 하는 강력한 수단이 됩니다. 또 주권적으로 일하시는 하나님께서는 실제로 우리 기도를 듣고 응답을 주십니다. 그러하기에 우리는 하나님께서 가장 선하게 일하실 것을 믿는 중에도 기도로 나아갈 수 있습니다. 사실 그렇게 하는 것이 옳고 마땅합니다. 주님은 기도하는 우리에게 큰 은혜와 능력을 베푸십니다. 그래서 우리가 기도의 능력을 깨닫고 더욱 기도하게 하십니다.

주님의 마음이 있는 곳에
제가 가길 원합니다°

온 우주의 왕이신 하나님 아버지.
세상의 참 왕이신 예수님께서 저를 위해 지신 십자가 사랑에 오늘도 감사드립니다.
저를 위해 죽으신 예수님의 사랑이 저에게 큰 기쁨이 됩니다.
오늘도 이를 기억하며 감격과 소망을 붙잡고 삽니다.

가장 낮은 자리에 처하시고 우리 죄 짐 짊어져 죽으신 예수님의 그 사랑 닮길 원합니다.
이웃을 섬기며 살아갈 사랑의 마음도 갖길 원합니다.
높은 곳에 올라가고 싶은 이기적인 마음과 욕심도 내려놓길 원합니다.
주님을 닮음으로 한 걸음씩 내려가는 삶을 살아낼 용기를 허락해 주세요.

주님께서 허락하신 복음을 붙잡고 살길 원합니다.
받은 은혜를 기억하며 은혜에 빚진 마음이 있길 원합니다.
주님과 함께라면 그 어디든 천국의 삶을 살게 하십니다.
주님께서 주신 사랑과 은혜를 따라 살겠습니다.
십자가에 달리신 예수님의 이름으로 기도합니다. 아멘.

찬양 나의 가장 낮은 마음 / 주님 가신 길을 따라_448

성경 또 무리에게 이르시되 아무든지 나를 따라오려거든 자기를 부인하고 날마다 제 십자가를 지고 나를 따를 것이니라_눅 9:23

묵상 베드로는 주님께서 십자가에 달리시면 안 된다(마 16:21-22)고 생각했지만, 주님께서 십자가에 달려 죽으심으로 말미암아 우리에게 구원이 찾아왔습니다. 주님은 '이렇게 되면 안 될 것' 같은 일을 그대로 하시고 나서, 그렇게 하신 것으로 하여금 우리로 감사케 하실 때가 있습니다.

주님께서 보이신 사랑이
저의 소망입니다°

나의 죄 해결하려고 십자가에 달려 죽으신 예수님.
높고 깊은 주님의 사랑에 오늘도 감사합니다.

주님께서 베푸신 신실한 사랑에 힘이 납니다.
제게 주신 새 생명에 소망과 기쁨이 넘칩니다.

주님은 저의 피곤함과 고됨 중에도 동행하십니다.
주님의 이끄심과 붙드심에 제 영이 살아납니다.

전심으로 주님을 찬양하고 높여 드리기 원합니다.
우리의 생명이신 예수님의 이름으로 기도합니다. 아멘.

하나님께서 세상을 사랑하사 / 우리를 죄에서 구하시려_260 (통 194)

이 말씀을 하시고 그들을 향하사 숨을 내쉬며 이르시되 성령을 받으라_요 20:22

나의 연약함이나 나를 힘들게 했던 일을 떠올리면 금세 우울감에 빠지거나 위축되기 쉽습니다. 주님께서 지으시고 입히시며 인도하시는 삶에 먼저 집중함이 필요합니다. 그리고 나서, 주님께서 주신 은사들을 하나씩 떠올리면 오늘 하루 감당할 일을 기쁨으로 할 수 있습니다.

주님께서 제 삶을
이끌어 가십니다°

복음으로 저를 자유롭게 하신 하나님 아버지.
주님에 대해 더더욱 알아가기를 원합니다.
알아가는 대로 살아가길 소원합니다.
알게 하시고, 살게 하시고,
주님의 은혜를 높이는 삶이 되게 해 주세요.

주님을 사랑하는 방식이 서툽니다.
주님을 높여 드리고 기쁘시게 해 드리는 것도 잘 못합니다.
제게 지혜를 주셔서 주님을 온전히 사랑하며 살게 해 주세요.
주님의 형상으로 지음 받은 이웃도 기쁨으로 사랑하게 해 주세요.

제가 한 것 중에 조금이라도 선한 것과 잘한 것이 있다면,
주님께서 힘을 주셔서 하게 된 일이라고 고백하길 원합니다.

정말로 주님은 날마다 저를 이끌어 가십니다.
신실하신 주님을 찬양합니다.
예수님의 이름으로 기도합니다. 아멘.

나 무엇과도 / 예수는 나의 힘이요_93 (통 93)

너는 범사에 그를 인정하라 그리하면 네 길을 지도하시리라_잠 3:6

밟혀도 꽃 피우는 민들레를, 장애로 인해 넘어졌어도 다시 일어나 경기를 완주하는 선수를 봅니다. 그리고 그와 같이, 주님께서 '그리 아니하실지라도' 신실한 걸음을 내딛는 하나님의 사람들을 봅니다. 그런 사람은 환경이 만족스럽지 못하다 하여 불평하고 멈춰 서 있지 않습니다.

048

주님이 선물로 보내 주신 저의 가족과 이웃들을
소중히 여기며 살겠습니다°

놀라우신 주님. 주님은 저에게 생명을 주십니다.
또 저와 함께 살아갈 가족과 이웃을 선물로 주십니다.
저의 가족과 이웃은 주님께서 저에게 보내신 제 삶의 보물입니다.

주님을 기쁘시게 해 드리는 공동체를 세워가기 원합니다.
제 발걸음이 닿는 곳마다 주님의 평화와 화목을 전하기 원합니다.

주님을 마음에 모시고 살아가는 자로서,
빛나는 주님을 따르길 소원합니다.

실수가 많고 마음이 넓지 못한 저를 주님께서 긍휼히 여겨 주세요.
주님께서 주시는 사랑과 관심이 제 안에 있게 해 주세요.
생명을 주시는 예수님의 이름으로 기도합니다. 아멘.

찬양 우리 죄 위해 죽으신 주 / 나 이제 주님의 새 생명 얻은 몸_436 (통 493)

성경 내가 주와 또는 선생이 되어 너희 발을 씻었으니 너희도 서로 발을 씻어 주는 것이 옳으니라 내가 너희에게 행한 것 같이 너희도 행하게 하려 하여 본을 보였노라_요 13:14-15

묵상 우리가 누군가와 같이 있는 시간이 많아지고 관계가 깊어질수록, 상대방의 장점보다 단점이 더 많이 보이기도 합니다. 상대방을 이해하려고 하기 전에 미리 속단하기도 합니다. 우리가 주님 안에서 상대방을 좀 더 사랑스럽고 여유롭게 바라봐 주어야 할 이유입니다.

주님은 저를 날마다
먹이시고 입히십니다°

하나님 아버지 감사합니다.
오늘도 주님의 인도하시는 손길을 느낍니다.
저를 향하신 주님의 마음이 얼마나 따뜻한지 경험하였습니다.
오늘도 필요한 양식으로 먹이시고 따뜻한 옷을 입혀 주시니 감사합니다.

주님의 사랑에 반응하며 살고 싶습니다.
주님의 기쁨이 되는 삶을 사모합니다.
주님의 선하심과 인자하심이 저를 끝까지 따르리라 믿습니다(시 23:6).

저는 주 안에서 만족하고 감사합니다.
주님은 저의 아버지이시며 목자이십니다.
저는 오늘도 주님 품 안에 쉼을 누립니다.
주님께서 허락하신 세상에서 주님을 누리며 기뻐합니다.
마음의 주로서 주님만을 모시며, 주님을 기쁘시게 해 드리는 삶을 살기로 다짐합니다.
주님께서 제 삶의 주인이심은 그 어느 때나 감사의 고백이 됩니다.
목마른 제 영혼을 생수로 채우시는 예수님의 이름으로 기도합니다. 아멘.

찬양 선하신 목자 / 목마른 내 영혼_309 (통 409)

성경 주의 궁정에서의 한 날이 다른 곳에서의 천 날보다 나은즉 악인의 장막에 사는 것보다 내 하나님의 성전 문 지기로 있는 것이 좋사오니_시 84:10

묵상 아침에 눈을 뜨자 이유 없는 행복이 찾아왔습니다. 아침에 깨어 일어나 주 형상 하나로 만족한다던 다윗의 고백(시 17:15)이 제 것이었습니다. 주님을 사모하는 마음이 저에게 있어 너무 행복합니다!

주님 부르신 자리에서
맡은 역할로 나아갑니다°

주님. 주님은 성도인 우리를 사역자이자 장로이자
권사이자 집사이자 학생으로 각각 부르십니다.
이런 귀한 정체성으로 살아가게 하십니다.

주님은 가정에서도 우리를 남편으로, 아내로, 부모로, 자녀로 각각 구별하십니다.
또 우리를 세상 속에서 사회인으로, 직장인으로, 학생으로 살게 하십니다.

주님께서 부르신 자리에 알맞은 모습으로 우리가 나아갑니다.
하나님과 사람 앞에서 우리가 그 역할을 아름답게 감당하길 소원합니다.
무엇보다 우리 마음을 늘 지켜 주세요.
말씀과 기도로 우리 자신을 돌아볼 마음도 허락해 주세요.

주님 없으면 우리는 살 수 없습니다.
주님의 마음이 없으면 우리는 아무것도 아닙니다.
주님의 도우심을 구합니다.

주님 부르신 자리에서 맡은 역할로 나아갑니다.
우리를 날마다 다시 살리시는 예수님의 이름으로 기도합니다. 아멘.

찬양 이곳에서 / 내가 매일 기쁘게_191 (통 427)

성경 그러므로 이제부터 너희는 외인도 아니요 나그네도 아니요 오직 성도들과 동일한 시민이요 하나님의 권속이라 너희는 사도들과 선지자들의 터 위에 세우심을 입은 자라 그리스도 예수께서 친히 모퉁잇돌이 되셨느니라_엡 2:19-20

묵상 때때로 누군가의 기대를 받는 것이 부담스럽습니다. 사실 그만한 기대를 받을 사람이 아니기 때문입니다. 그럼에도 불구하고, 주님께서 보시기에 구별된 사람이 되는 것만큼은 늘 기대에 부응하길 원합니다. 또 누구의 기대 때문이 아니라, 언제나 주님의 기대로 인해 주님의 일을 맡기실 만한 사람이기를 바랍니다.

051

편한 길보다 주님의 길을
따르고 싶습니다°

아브라함에게 본토 친척 아비 집을 떠나라(창 12:1)고 말씀하신 하나님 아버지.
제가 편한 길을 걷기보다 주님께서 기뻐하시는 길을 걷기 원하시는 하나님 아버지.

주님의 이끄심을 구합니다. 주님의 붙드심을 구합니다. 주님의 지혜를 구합니다.
저는 제 스스로 주님의 길을 걸어갈 능력이 없습니다.
주님의 길은 좁고 협착하기 때문입니다(마 7:14).
주님의 길은 어렵고 저는 지혜가 부족하기 때문입니다.
그러나 주님은 저의 앞길을 아시고 미리 예비하십니다.
그 길을 따라 걷게 하시며 새 길을 보게 하십니다.

죄가 있는 자리에서 은혜를 예비하시는 주님.
심판이 있는 자리에도 구원을 준비하시는 주님.
저의 연약함에도 불구하고, 주님은 참인 분이십니다.
세상이 복잡하고 현실이 버거워도, 주님은 온 세상의 주인이십니다.

제가 소망을 가질 수 있는 것도 저의 약함 때문이 아닌 주님의 강함 때문입니다.
주님은 경배를 받기에 합당하시고 세상에서 가장 크신 분입니다.
우리 구원의 모든 이유가 되시는 예수님의 이름으로 기도합니다. 아멘.

성경 썩을 양식을 위하여 일하지 말고 영생하도록 있는 양식을 위하여 하라 이 양식은 인자가 너희에게 주리니 인자는 아버지 하나님께서 인치신 자니라_요 6:27

묵상 뼛속 깊은 확신에서 나오는 신앙이 아닌 이론만 있는 신앙은 세상 염려 앞에 언제 쓰러질지 모르는 불안정한 것입니다. 신앙을 따른다는 것이란 다만 편하지 않고 좁고 힘든 길이기 때문입니다. 우리의 신앙이 예수님 안에서 선명히 뿌리 내린 상태인지 점검해야 합니다.

052

마음의 초점을 주님께 드립니다°

주님께서 저에게 주신 시간, 주님께서 저에게 주신 공간인
이 시간 이곳에 주께서 저를 보내셨습니다.
주님께서 제게 맡기신 자리에서, 제게 허락된 시간에 주님께 기쁘게 나아갑니다.

늘 저의 마음을 살펴 주시고, 신자답게 생활하도록 이끌어 주세요.
게으르지 말게 해 주시고, 주님의 생각을 품고서 최선으로 살아가게 해 주세요.

주님은 선하시고, 세상을 다스리시며, 또한 저를 세상의 청지기로 삼으셨습니다.
제가 어떤 자리에서, 어떤 모습으로,
어떻게 주님 나라를 이루며 살아야 할지 가르치십니다.

주님의 동행과 지혜를 구합니다.
주님은 지혜와 명철이 가득한 분이십니다.
영원하신 예수님의 이름으로 기도합니다. 아멘.

찬양 주님의 사랑이 이곳에 가득하기를 / 주의 사랑 비칠 때에_293 (통 414)

성경 여호와의 눈은 어디서든지 악인과 선인을 감찰하시느니라_잠 15:3

묵상 우리의 행동이 다른 사람의 시선을 의식하는 번지르르한 행동이 되지 않아야겠습니다. 무엇을 하든 신령과 진정으로 마음의 초점을 주님께 두어야겠습니다.

목마른 제 영혼은 주님 품 안에서
목을 축입니다°

날마다 저는 주님으로 인해서만 살고 죽습니다.

제 시선이 주님을 향해 있지 못할 때, 주님은 저를 낮추십니다.
제 마음이 주님을 향해 있을 때, 주님은 제게 넘치도록 힘을 주십니다.
주님은 제가 살아갈 이유이시기에, 주님 없이 저는 아무것도 안됩니다.

주님께서 저의 죄를 사하셨기에 저는 주님 안에서만 살아갈 이유를 깨닫습니다.
주님은 그렇게 죽은 저를 살리셨고, 날마다 '주님으로 인하여서만' 살게 하십니다.

철 따라 열매 맺는 시냇가에 심은 나무(시 1:3)와 같이,
저도 주님으로 인하여서만 열매를 맺습니다.
갈팡질팡하며 마음이 궁핍해졌을 때에도,
주님은 그 허기짐을 배부름으로 바꾸십니다.

건조하고 삭막한 저에게 주님은 맑은 샘물이 되어 주십니다.
가장 큰 만족이 되시는 예수님의 이름으로 기도합니다. 아멘.

찬양 원하고 바라고 기도합니다 / 나의 갈 길 다 가도록_384 (통 434)

성경 주께서 내 마음에 두신 기쁨은 그들의 곡식과 새 포도주가 풍성할 때보다 더하니이다_시 4:7

묵상 주님이 계셔서 감사합니다. 주님의 계심과 관계없는 것은 아무것도 없습니다. 주님의 계심이 없었다면 제 인생에 소망이 없었을 것입니다. 오늘은 문득 주님의 계심이라는 이 당연한 사실이 매우 다행이자 감사한 일로 느껴집니다.

054

저의 영광보다 주님의 영광을 바랍니다°

주님. 제가 성공에 집착하는 사람이 되지 않길 원합니다.
성공을 추구할 때, 저는 재물과 명예의 노예로 살게 될 것이기 때문입니다.
주님 앞에서, 주님만으로 저는 이미 참된 자유를 얻었습니다.

그리스도인으로 살아가는 제 자신의 삶을 다시 한번 돌아봅니다.
제가 저로 인해 살고, 저로 인해 얻고, 저로 인해 강한지요?

주님을 따르는 오늘이라 더 자유로운 오늘이길 원합니다.
영광의 주인이신 예수님의 이름으로 기도합니다. 아멘.

찬양 오 자유 / 나 어느 곳에 있든지_408 (통 466)

성경 진리를 알지니 진리가 너희를 자유롭게 하리라_요 8:32

묵상 나만 아는 사람이 있습니다. 다른 사람의 시선에 쫓겨 사는 사람도 있습니다. 그리스도인은 주님을 알고 주님 안에서 우리의 가치를 좇는 자여야 합니다.

055

주님께서 바라보시는
방향이 중요합니다.

주님께서 허락하시면, 저는 자유를 얻습니다.
주님께서 만족하시면, 저는 행복을 얻습니다.
주님께서 약속하시면, 저는 평안을 얻습니다.

주님께서 머무신 자리를 알기 원합니다.
주님께서 기뻐하시는 곳을 알기 원합니다.
주님의 뜻을 행하기 원합니다.
주님의 지혜를 구합니다.

주님만이 제가 나아갈 방향을 아십니다.
제 삶의 방향을 주님께서 잡아 주십니다.
예수님의 이름으로 기도합니다. 아멘.

찬양 주의 옷자락 만지며 / 나는 갈 길 모르니_375 (통 421)

성경 그 날에 네가 말하기를 여호와여 주께서 전에는 내게 노하셨사오나 이제는 주의 진노가 돌아섰고 또 주께서 나를 안위하시오니 내가 주께 감사하겠나이다 할 것이니라_사 12:1

묵상 때로는 타인이 나를 오해하지만, 때로는 나 스스로 나를 오해하기도 합니다. 바른 이해는 주님 안에 있습니다. 주님께서 바라보는 곳을 바라는 것만이 제게 평화와 안심을 가져다줍니다.

주님 덕분에 제가
정직할 수 있습니다°

제가 넘어질 때, 주님께서 버려두지 않으심에 감사를 드립니다.
주님의 크신 품에 작은 저를 꼬옥 안아 주심에 감사를 드립니다.

주님 안에서 저는 평안하고, 그 어느 때에라도 위안을 얻습니다.
주님 안에서 잠잠해지니, 저의 연약함도 돌아볼 수 있습니다.

자존감이 한없이 추락해 있을 때, 저는 저 자신에게 정직할 수 없었습니다.
저 자신을 탓하거나 환경을 탓했습니다.

그러나 주님께서 저를 보고 계신다는 사실을 깨닫고 주님의 지혜를 얻었습니다.
저의 실패도 기쁨으로 돌아보고 정직하게 반성할 수 있었습니다.

오늘도 주님의 사랑이 저를 이끌어 갑니다.
주님께서 계시기에 깜깜한 현실 가운데서도 한 줄기 빛을 봅니다.
예수님의 이름으로 기도합니다. 아멘.

찬양 갈급한 내 맘 만지시는 주 / 내 평생에 가는 길_413 (통 470)

성경 주의 빛과 주의 진리를 보내시어 나를 인도하시고 주의 거룩한 산과 주께서 계시는 곳에 이르게 하소서_
시 43:3

묵상 나의 장점과 단점이 무엇인지를 계속 확인함이 필요합니다. 그것으로 자만하거나 좌절하기 위함이 아닙니다. 내게 주어진 것을 최상으로 활용하기 위함입니다. 그런 점에서 저는 이해력이 좋진 않아도 암기력은 좋습니다. 머리가 나쁘더라도 해 보려고 시도합니다. 주님은 그런 저를 가장 적합하게 사용하고 계십니다.

057

주님은 저의 전부가 되십니다°

주님께서 저의 주님이 되어 주셔서 참 다행입니다.
주님께서 저를 사랑해 주셔서 참 다행입니다.
제가 주님의 사랑을 받은 자임이 이렇게 기쁠 수가 없습니다.

주님 없으면 저는 아무것도 없습니다.
주님 없으면 저는 아무것도 아닙니다.

주님께서 저의 전부가 되십니다.
주님으로 자유를 누립니다.
주님으로 만족할 수 있습니다.

연약하고 부족한 제 인생을 다해 진심으로 고백합니다.
이 고백으로 저는 오늘도 산 자와 같이 되고,
주님과 함께 죽고 주님과 함께 다시 사는 인생이 됩니다.

주님을 사랑합니다. 주님을 찬양합니다.
이것이 얼마나 다행인 일인가요.
이것이 얼마나 감사한 일인가요.
예수님의 이름으로 기도합니다. 아멘.

찬양 모든 능력과 모든 권세 / 다 나와 찬송 부르세_131 (통 24)

성경 누구든지 그리스도 안에 있으면 새로운 피조물이라 이전 것은 지나갔으니 보라 새 것이 되었도다_고후 5:17

묵상 우리가 빚을 수 있는 건 하루뿐입니다. 그러나 그 하루가 수십 년이 되면, 결국 그것으로 우리 자신이 빚어집니다. 날마다 주님이 전부인 삶을 빚고 싶습니다. 그래서 주와 동행하는 자로 더욱 빚어진다면 참 좋겠습니다.

하나님께 올려드리는 나의 기도

05

찬양

하나님 앞에서 사는
그리스도인

"기도의 마침"

―――――――――――――――――――――――

찬양이 기도문의 마지막 주제라는 것은 자연스러운 일입니다. 우리 기도의 시작과 마침은 모두 '하나님으로 인함'이기 때문입니다(롬 11:36). 따라서 기도문의 처음도 찬양으로 열 수 있을 것입니다. 그러나 저는 기도가 하나님 앞에 우리 자신의 이야기를 드리는 것으로 시작된다는 일반적인 이해를 따랐습니다. 대신 하나님과 그분의 성품에 초점을 두고 있는 기도의 내용은 2권에서 더 깊이 다루기로 했습니다(서문참조).

지금까지 '일상 묵상'과 '돌아봄'으로 시작해서 '간구와 도고'로 기도의 진행을 다뤘습니다. 이제 마지막으로 '구원에 대한 반응(감사)'과 '찬양'으로 끝을 맺습니다. 우리의 기도도 시편의 기자들이 많이 그러했듯이, 문제를 안고 기도하기 시작했으나 그 마침은 주님을 향한 찬양과 경배에 있기를 원합니다.

"기도는 땀내를 풍기는 일입니다"

"그런즉 너희가 먹든지 마시든지 무엇을 하든지 다 하나님의 영광을 위하여 하라"(고전 10:31) 성경은 삶의 '원리'를 담은 책입니다. 그래서 우리가 신앙인으로서 이 땅에서 '어떻게' 살아야 할 지를 가르칩니다. 위 말씀에서 우리는 모든 일에 '하나님의 영광'을 목적으로 해야 함을 배웁니다. 그러나 성경이 삶의 모든 '내용'을 구체적으로 정해 놓지는 않았습니다. 가령, 성경이 하루에 정확히 몇 장씩 말씀을 보라고 말하지 않고, 매일 콕 집어서 몇 시간을 기도하라고 말하지도 않습니다. 최소한의 기도와 묵상이라는 것을 나름 정할 수도 있지만 그것이 신앙인에게 확정된 공식은 아닙니다.

그러면 성경이 설명하지 않은 영역은 우리가 어떻게 해야 할까요? 앞서 보았듯 우리는 성경에서 '원리'를 발견합니다. 그리고 삶의 '내용'을 기도로 채워 갑니다. 좀 더 정확히 말하면 '기도로 채운다'보다는 '기도로 씨름한다'입니다. 과거에 기록된 성경을 가지고 오늘 우리 삶에서 부단히 애쓰며 '살아내야' 하기 때문입니다. 그런 면에서 기도는 고상하게 앉아 성경만 보며 말로 신비를 요리조리 꾸며내는 것이 아닙니다. 예술적이라기보다는 '땀내를 풍기는' 쪽에 가깝습니다. 수사적이지 않고 꽤 치열합니다. 특히 누군가를 사랑하기 위한 기도는 아주 지독해야 하고 단단히 각오해야만 할 수 있습니다.

이렇게 우리는 기도로 삶을 살아냅니다. 말씀에서 배운 대로 오늘을 살기 위해 기도를 사용합니다. 주님은 우리에게 날마다 주님 뜻으로 살아 내라는 도구로서 기도를 주셨습니다. 오늘 하루를 잘 살아 내라고 허락하셨다는 점에서 '선물'이라고 할 수도 있습니다. 기도가 선물이라는 것은, 기도를 때때로 힘들어 하는 저에게 가슴에 새길 말이 됩니다.

058

저의 앞길을 빛으로
인도하시는 주님을 찬양합니다

빛과 어둠을 창조하신 하나님 아버지.

어둠을 통해 빛의 소중함을 알게 하시는 하나님 아버지.

어둠에 빠져 있을 때 빛으로 찾아오시는 사랑의 아버지.

빛으로 나아가는 한 걸음 한 걸음으로 저를 자라게 하시는 하나님 아버지.

주님은 모든 것을 창조한 분이십니다.

주님이 저를 만드셨고 주님의 자녀로 부르셨습니다.

그래서 저를 빛처럼 소금처럼 살게 하셨습니다. 온 우주의 왕이신 주님을 찬양합니다.

주님의 사랑은 끝이 없고 주님의 지혜는 한계가 없으며

주님의 신실하심은 마침이 없습니다.

저는 주님 사랑으로 서고 주님 지혜로만 살며 주님의 신실하심으로만 유지됩니다.

제 생명은 주님께 있고 제 걸음은 주님께로만 나아갑니다.

주님은 선하시고 사랑이 풍성하시며 모든 지혜의 근원이십니다.

저는 주님께 의존해서만 설 수 있고 주님 없이는 아무것도 아니며

주님 안에서만 참 만족을 얻습니다.

주님의 다스리심이 제 소망이며 주님의 말씀은 저의 가고 서는 신호등입니다.

모든 영광과 찬송을 받으시길 원합니다. 모든 것을 주님께서 주셨습니다.

이를 알게 하신 분도 주님이십니다. 주님을 찬양합니다.

예수님의 이름으로 기도합니다. 아멘.

찬양 빛 되신 주 / 시온의 영광이 빛나는 아침_550 (통 248)

성경 주의 말씀은 내 발에 등이요 내 길에 빛이니이다_시 119:105

묵상 주님을 찬양하는 것이 즐겁습니다. 찬양을 통해 제 영혼이 얼마나 주님을 사랑하는지 다시 확인합니다. 언제까지나 주님 찬양하는 삶 살기를 소망합니다.

059

세상과 말씀이
모두 주님을 가르칩니다°

완전하고 거룩하신 하나님 아버지.

주님께서 만드신 세상이 아름답습니다.
주님을 잘 드러내 보여줍니다.
만물 안에 주님의 계심이 담겼습니다.
섬세한 손길과 다스림이 숨어 있습니다.

주님은 말씀으로 사랑을 보이십니다.
저는 말씀이 금은보화보다 귀합니다.
주님의 선물과 지혜도 흘러 넘칩니다.
저는 배운 바 확신한 데서 삽니다(딤후 3:14).

주님 만드신 세상은 죄로 부패했습니다.
그러나 주님 말씀은 영원히 서있습니다.
생명의 근원도 이것으로 말미암습니다.
말씀은 저의 안내자이며 표지판입니다.
말씀이신 예수님의 이름으로 기도합니다. 아멘.

찬양 여호와 우리 주여 / 주 하나님 지으신 모든 세계_79 (통 40)

성경 이 모든 날 마지막에는 아들을 통하여 우리에게 말씀하셨으니 이 아들을 만유의 상속자로 세우시고 또 그로 말미암아 모든 세계를 지으셨느니라_히 1:2

묵상 성경은 하나님이 삼위로 계심을 가르칩니다. 하나님은 말씀으로 세상을 지으셨고 세상에 말씀이신 예수님을 보내십니다. 우리는 하나님 앞으로 나아갈 때 영이신 성령님의 인도함을 받고 예수님의 십자가 공로를 의지합니다. 세상을 창조하시고 우리를 죄에서 구속하시는 삼위 하나님께 저의 온 마음을 다해 경배드립니다.

060

주님은 어느 자리에서나
저와 동행해 주십니다°

오늘도 저에게 적절한 사람을 붙여 주시고 그 사이 사이에서 함께 일하여 주신 주님.
제가 사람을 만나고 대화하는 자리에도 늘 함께 해 주시는 은혜에 감사합니다.
저의 모든 일을 진행해 나갈 수 있도록 주님께서 날마다 인도해 주세요.

제가 어떤 일을 준비하고 진행하든 주님 없는 일에는 허무할 뿐입니다.
주님의 지혜를 저에게 비추시고, 주님 생각을 따라 걷는 제가 되게 해 주세요.
모든 일을 할 때에 저의 죄와 욕심과 아집과 편견이 섞이지 않게 해 주세요.

말씀과 기도로 주님 마음에 합한 결정을 해 나가겠습니다.
주님께서 선한 뜻대로 지도해 주시고 삶의 방향도 이끌어 주세요.
주님은 그렇게 저와 동행해 주시는 분이십니다.
모든 것을 다스리시는 예수님의 이름으로 기도합니다. 아멘.

찬양 주 다스리네 / 주는 나를 기르시는 목자요_570 (통 453)

성경 주의 손으로 만드신 것을 다스리게 하시고 만물을 그의 발 아래 두셨으니_시 8:6

묵상 저에게 삶을 맡기신 분이 주님이십니다. 우리의 삶이 주님의 뜻을 이루어가는 삶 되길 원합니다. 뜻을 구하며 의지할 분은 주님밖에 없습니다. 주님은 우리를 주장하시고 인도하시는 분이십니다. 모든 찬송도 주님 앞에만 드립니다.

주님은 거룩하고 위대한 사랑을
베푸십니다°

주님. 주님은 세상을 아름답게 지으셨습니다.
사람을 짓고 보시기에 좋다고 하셨습니다.
하나님과 사람 사이를 막고 있던 것이 아무것도 없던 때입니다.
하나님과 사람 사이에 완벽한 사랑의 교제가 이루어지던 때입니다.
주님의 그 은혜가 제게도 넘쳤습니다.

그런데 주님, 사람이 죄를 짓고 세상은 엉망이 되었습니다.
하나님과 사람 사이가 멀어졌고, 사람은 하나님께 가까이 갈 수 없게 되었습니다.
주님과 제 사이도 단절되었습니다.
주님은 죄와 함께 하지 않으시기 때문입니다.
주님의 긍휼만이 유일한 방법이 되었습니다.

가장 거룩한 사랑이신 주님!
주님의 정의는 죄와 함께 할 수 없고, 죄를 그냥 내버려 둘 수 없습니다.
주님의 그 순결함은 아들을 죽이시면서까지 우리를 구하시는 놀라운 사랑입니다.
이 거룩하고 아름답고 위대한 사랑이 세상에 또 어디에 있단 말입니까?

오늘도 주님을 찬양합니다. 주님은 참으로 거룩하고 위대한 사랑이십니다.
예수님의 이름으로 기도합니다. 아멘.

성경 그의 십자가의 피로 화평을 이루사 만물 곧 땅에 있는 것들이나 하늘에 있는 것들이 그로 말미암아 자기와 화목하게 되기를 기뻐하심이라_골 1:20

묵상 주님의 사랑이 저를 감동하게 합니다. 주님의 사랑은 강압적이지 않고 인격적입니다. 헌신적이며 아름다운 사랑입니다.

위대하신 나의 주´
나의 하나님을 경배합니다°

하나님은 모든 것을 아는 분이십니다.
하나님은 모든 것을 할 수 있는 분이십니다.
하나님은 오래 참는 분이십니다.
하나님은 은혜가 풍성한 분이십니다.
하나님은 영원한 분이십니다.
하나님은 우리가 다 이해할 수 없는 분이십니다.

하나님은 크고 높은 분이십니다.
하나님은 창조주이십니다.
하나님은 세상을 고치는 분이십니다.
하나님은 다스리는 분이십니다.
하나님은 판단하는 분이십니다.
하나님은 참 소망이 되십니다.

그분이 우리의 주인 되심에 감사합니다.
나의 주 예수님의 이름으로 기도합니다. 아멘.

찬양 영광을 돌리세 / 창조의 주 아버지께_76

성경 내가 알거니와 여호와께서는 위대하시며 우리 주는 모든 신들보다 위대하시도다_시 135:5

묵상 우리 주님의 위대하심을 사람들에게 전할 때, 그 말을 가소롭게 듣는 사람이 있습니다. 그래서 우리 마음이 낙심되기도 합니다. 그러나 능력이 없는 자라도 주님의 위대하심 앞에 서면, 심령이 다시 단단해집니다.

위대하신 주님'
제가 주님의 말씀을 따르겠습니다!

저는 작으나 주님은 크십니다.
저는 약하나 주님은 강하십니다.
저는 찰나이나 주님은 영원하십니다.
저는 넘어지나 주님은 견고한 반석이십니다.

바람은 왔다 가도 태양은 뜨고 지나 주님은 영원합니다.
꽃이 피게 하는 이도, 지게 하는 이도 주님이십니다.

돈과 명예는 있다가도 없으나 주님은 신실하십니다.
변치 않는 분, 영원하신 분,
모든 능력을 가지신 주님께서 제 기도를 들으십니다.

오늘도 저에게 찾아오시고 말씀해 주세요.
주의 종이 듣겠습니다!
예수님의 이름으로 기도합니다. 아멘.

찬양 풀은 마르고 / 주님의 귀한 말씀은_206

성경 풀은 마르고 꽃은 시드나 우리 하나님의 말씀은 영원히 서리라 하라_사 40:8

묵상 주님의 말씀으로 살아가길 원합니다. 타인에게 무언가로 덕이 될 수 있다면, 말씀을 따르는 본으로 덕이 되는 사람이길 소망합니다.

064

주님 뜻과 인도하심만이
제가 따를 나침반입니다˚

저의 약함도 사용하시는 주님.
주님은 저의 강함이십니다.
'낮에 해와 밤에 달도 저를 해롭게 못할 것'(시 121:6)은
주께서 저와 함께 하시기 때문입니다.
저를 낙망과 절망으로 떨어뜨리는 현실 앞에서도
저는 묵묵히 주님을 바라봅니다.
주님을 묵상함이 저의 가장 큰 기쁨입니다.

저는 쉽게 사람을 오해하고, 판단하며, 정죄합니다.
그러나 오직 주님만이 온 교회의 유일한 왕이시며 통치하는 분이십니다.

주님만이 세상을 다스리시니 저는 그저 주님 뜻을 따르기 원합니다.
주님의 인도하심만 바라보며 살기 원합니다.

주님의 뜻과 인도하심이 제가 따를 나침반입니다.
높고 깊으신 예수님의 이름으로 기도합니다. 아멘.

하나님은 너를 지키시는 자 / 주 예수여 은혜를_368 (통 486)

사람이 마음으로 자기의 길을 계획할지라도 그의 걸음을 인도하시는 이는 여호와시니라_잠 16:9

우리는 때때로 주님이 아닌 나의 욕망을 소원하곤 합니다. 그래서 주님 앞에서 우리가 갈 수 있는 길보다 세상과 우리의 욕망이 이끄는 길로 나아가려 할 때도 있습니다. 그때 주님께서 우리를 깨우치시고 그 헛됨을 깨닫게 하십니다. 그리고 우리가 따라갈 길은 오직 주님이 인도하시는 길임을 알게 하십니다.

065

만물을 붙드시는 분은
주님이십니다°

세상을 창조하신 하나님 아버지.

만물의 주인이신 하나님 아버지.

주님 없으면 세상은 유지될 수 없습니다.

주님께서 세상을 잠시라도 붙잡지 않으시면, 세상은 푹 꺼지고 맙니다.

주님은 세상을 통치하시며 저는 주님의 통치하심에만 기대어 있습니다.

주님은 오늘도 살아 계셔서 저를 사랑스럽게 바라보십니다.

저는 주님의 사랑에만 반응하여 오늘을 살아갑니다.

주님께서 계시기에 살 소망이 있고

주님께서 계시기에 오늘도 보람이 있습니다.

주님만이 저의 위로이시고, 안식처가 되십니다.

사랑하는 하나님. 오늘도 주님께서 지켜 주셨습니다.

오늘도 주님을 기억하게 해 주셨습니다.

오늘도 주님께서 저를 기억해 주셨습니다.

주님은 선하시고 사랑이 많으십니다.

주님께서 오늘도 저의 먹을 것과 입을 것을 헤아려 주셨습니다.

이 모든 것이 주님께로만 나왔습니다.

그리고 주님께 모든 영광이 있습니다.

영광의 주 예수님의 이름으로 기도합니다. 아멘.

주의 집에 거하는 자 / 하늘에 가득 찬 영광의 하나님_9 (통 53)

그는 넘어지나 아주 엎드러지지 아니함은 여호와께서 그의 손으로 붙드심이로다_시 37:24

과거의 내가 했던 말을 통해서도 무언가를 배웁니다. 이전에 쓴 글과 했던 말을 가장 먼저 들어야 할 사람이 '현재의 나'인 경우가 참 많습니다. 자라고 있지만 여전히 부족하고, 간혹 자신 있게 조언한다 해도 먼저 그 말을 들을 대상이 나 자신입니다. 그리고 나는 그저 오늘도 주님께 붙들린 인생이어야 함을 고백합니다.

066

하나님 자녀로 사는 권세가
가장 강한 권세입니다°

주님. 주님은 저의 소망이십니다.
슬픔이 저를 피해 가지는 않지만 말입니다.
성도이든 성도가 아니든 모두에게 고통과 질병이 찾아올 수 있습니다.

주님은 제게 하나님의 자녀로 사는 권세를 주셨습니다.
그래서 그 슬픔을 견디며 한 뼘 한 뼘 벗어나게 하십니다.

저는 하나님의 자녀임을 가장 크게 기뻐합니다.
제 손이 능하지 않아도 자녀를 붙드신 하나님 아버지의 손은 능하십니다.
제가 약해도 주님은 강하시며, 제가 초라해도 주님은 세상의 주인이십니다.

주님을 찬양합니다.
주님을 사랑합니다.
예수님의 이름으로 기도합니다. 아멘.

찬양 힘들고 지쳐 / 귀하신 주여 날 붙드사_433 (통 490)

성경 자녀들아 이제 그의 안에 거하라 이는 주께서 나타내신 바 되면 그가 강림하실 때에 우리로 담대함을 얻어 그 앞에서 부끄럽지 않게 하려 함이라_요일 2:28

묵상 하나님의 자녀도 때로는 무너집니다. 그러나 주님을 의지하고서 한 번 더 일어납니다. 그리고 다시 앞으로 나아갑니다. 자기 자신과의 약속까지도 신실함을 지키려 노력합니다. 이는 우리가 믿는 주님께서 자신의 약속에 대해서도 한결같고 신실하신 분이심을 알기 때문입니다.

067

주님께서 계시기에
제 영혼이 안전합니다°

제 자존감의 근원이신 하나님.

저는 하나님의 자녀이기에 좌절하지 않습니다.

하나님의 자녀는 완전히 무너지거나 멸망하지 않기 때문입니다.

저의 살아 있음은 주님께 속한 일입니다.

저의 숨 쉼은 주권자이신 주님께 달렸습니다.

악인이 저의 육체에 해를 가할지라도 제 영혼은 결코 해치지 못합니다.

저는 오직 영혼까지 멸할 능력이 있으신 주님만 두려워합니다(마 10:28).

참으로 능력이 있는 분만을 경외하며 살기로 다짐합니다.

주님을 묵상함이 즐겁습니다.

주님을 제 마음에 모심이 저에게 가장 큰 힘과 위로입니다.

주님은 제 손을 꼭 붙드시는 분이십니다.

주님이 계시지 않으면 저의 존재의 이유는 없습니다.

저의 존재의 의미가 사라지고 맙니다.

저는 주님만으로 만족하며, 주님 안에서 저의 가치를 발견합니다.

저는 참으로 주님을 자랑하기 원합니다.

주님께서 계시기에 제 영이 기뻐합니다.

예수님의 이름으로 기도합니다. 아멘.

찬양 내 영혼은 안전합니다 / 강물같이 흐르는 기쁨_182 (통 169)

성경 보라 하나님은 나의 구원이시라 내가 신뢰하고 두려움이 없으리니 주 여호와는 나의 힘이시며 나의 노래시며 나의 구원이심이라 그러므로 너희가 기쁨으로 구원의 우물들에서 물을 길으리로다_사 12:2–3

묵상 저 자신의 가치를 주님이 아닌 다른 것에서 찾으려 할 때, 저에게 정신없는 날들이 계속 이어지는 것 같았습니다. 무언가를 향해 마음을 쏟아낸 뒤에는 공허감도 있었습니다. 그러나 주님은 주님 안에 있는 평안과 기쁨으로 저를 자유롭게 하셨습니다.

문제보다 크시고 상황보다 위대하신
주님을 바라봅니다˚

주님. 주님께서 저에게 생명을 주시고 안전을 지키실 것이라
문제에 대한 걱정이 없다기보다는,
영원한 생명과 영원한 안전을 주시는 분이 바로 하나님 아버지이시기에
오늘도 평안합니다.

주님은 문제보다 크시고, 상황보다 위대하십니다.
이것은 변치 않는 일입니다.
날마다 이를 깨닫게 하시고 훈련하시는 분도 주님이십니다.

환난은 인내를 인내는 연단을 연단은 소망을 낳는다(롬 5:3-4)는 말씀을 기억합니다.
환난의 결과가 결국 소망에 있음을 가르치시는 오늘의 말씀도 놀랍습니다.

주님은 우리 삶에 역전을 가져다 주십니다.
크고 위대하신 예수님의 이름으로 기도합니다. 아멘.

찬양 내게 허락하신 시련을 통해 / 지금까지 지내온 것_301 (통 460)

성경 너희 중에 누가 염려함으로 그 키를 한 자라도 더할 수 있겠느냐_마 6:27

묵상 문제를 주님보다 앞에 두는 순간, 그것 역시 우상이 될 수 있습니다. 문제를 더 크게 만드는 것은 주님보다 문제를 앞세우는 우상 숭배의 태도입니다. 주님께서 우리 자리에 멈추셔서 주님의 일하심을 바라보는 눈을 열어 주시기를 바랍니다.

부족함을 허락하신 분도 주님이시기에
주님을 믿고 나아갑니다

기도를 들으시는 주님. 주님이 주신 지혜를 잘 활용하기 원합니다.
주님과 더불어 사는 사람이길 원합니다. 저의 작음과 얕음으로 위축되지 않겠습니다.
부족함과 엉성함을 주심도 감사하겠습니다.

이 모든 연약함을 주님이 저에게 주셨습니다.
이 모든 것으로 저는 주님을 드러냅니다.
주님은 강하고 높으십니다. 주님을 기뻐하고 사랑합니다.
주님은 세상을 지으셨습니다. 주님 없이 숨을 쉬고 존재할 수 있는 것은 없습니다.
주님만이 세상의 모든 영광을 가지시기 합당합니다.
주님은 충분하시고 모든 것을 소유하셨습니다.
주님을 가진 자는 세상 어떤 것도 부족해 하지 않습니다.
어떤 것도 두려워할 이유가 없습니다.

주님은 모든 일을 행하십니다. 만유의 주인이십니다.
모든 영광도 주님께만 있습니다. 제 약점도 주님 은혜를 바라보는 도구가 됩니다.
약함이 주님의 강하심을 따르게 합니다.
모든 것으로 선을 이루시는 예수님의 이름으로 기도합니다. 아멘.

찬양 약할 때 강함 되시네 / 주 사랑 안에 살면_397 (통 454)

성경 이와 같이 성령도 우리의 연약함을 도우시나니 우리는 마땅히 기도할 바를 알지 못하나 오직 성령이 말할 수 없는 탄식으로 우리를 위하여 친히 간구하시느니라_롬 8:26

묵상 완벽해야 한다는 생각에 아무 힘도 낼 수 없던 때가 있었습니다. 그런데 완벽하지 않음을 받아들이고 주님의 완벽하심에 기대어 서니, 주님은 내 어설픔도 사용하실 수 있는 분이심을 알았습니다. 제 부족함은 인정하고 주님의 도우심을 확신하며 다시 일어서야겠습니다.

참 소망´ 참 동기´ 참 이유´ 참 기쁨´
예수 그리스도

무얼 할 수 있을지 모를 때
무얼 어떻게 하면서 살아갈지 막막할 때
무얼 기대할 수 있을지 아무런 희망이 없을 때

그때 저에게 참 소망이 되시고
제가 하는 모든 일의 참 동기가 되시고
저의 살아가는 참 이유가 되시는 분이 바로 주님이십니다.

주님은 저의 참 기쁨이십니다.
우리 위해 이 땅에 오신 예수님의 이름으로 기도합니다. 아멘.

찬양 은혜로다 / 나의 기쁨 나의 소망 되시며_95 (통 82)

성경 우리는 주의 백성이요 주의 목장의 양이니 우리는 영원히 주께 감사하며 주의 영예를 대대에 전하리이다_ 시 79:13

묵상 적합한 때에 적절히 어려움을 해결하는 지혜가 부족했습니다. 그래서 소망의 끈을 놓지 않고 모든 문제의 문을 여실 수 있는 주님께로 나아갔습니다. 그때 주님께서 내 삶의 참 소망, 참 동기, 참 이유, 참 기쁨이심을 알았습니다.

하나님께 올려드리는 나의 기도

말씀의 인도를 따르는 기도!

(1권의 후기이자 2권의 시작)

|||||||||||||||||||||||||||||||||||||||||||||||||||||||||||||||||||||||

그동안 필사하시느라 고생이 정말 많으셨습니다. 지금까지 나누었듯이 기도는 그리스도인에게 능력이 되는 참으로 중요한 은혜의 방편입니다. 그럼에도, 저는 1권을 닫으면서 기도에 관한 주의사항을 굳이 말씀드리고 싶습니다. 기도는 바로, 말씀으로 인도되어야 한다는 점입니다. 아시듯이 우리는 기도로 주님께서 기뻐하시는 뜻을 찾습니다. 주님께서 허락하신 마음을 품고 삶에 적용도 합니다. 우리가 계획하는 것의 모든 방향도 잡아갑니다. 그러나 이 기도는 반드시 말씀을 기준으로 삼아야 합니다. 기도는 정말로 소중합니다. 기도는 주님께서 허락하신 도구이고 선물입니다. 그러나 기도는 하나님의 직접적인 말씀은 아닙니다. 하나님께서 기도로 우리에게 특별한 능력도 보이시고 확신에 가까운 마음도 주시지만, 그것이 말씀을 넘어설 수는 없습니다. 그러면 기도라는 이름으로 우리의 소원만을 덧칠한 우상이 될 수 있습니다.

관련하여, 저는 하나님 앞에서 기도를 통해 경험한 저의 신비한 체험을 공적인 자리에서는 되도록 조심스럽게 말하는 편입니다. 저만의 신비 체험이 있기는 하지만, 특히 설교 시간에 그런 이야기는 거의 꺼내지 않습니다. 신비에 관심이 없어서가 아닙니다. 사람들이 거기에 지나치게 시선을 두고 의미를 부여할 수 있기 때문입니다. 저는 심지어 지나치게 신비를 따르면서, 세상만도 못한 삶을 살아가고 자기 확신에 근거해 함부로 남을 정죄하는 사람을 종종 보았습니다. 마치 자신이 하나님이 된 양 행세하는 경우도 있습니다. 말씀이 기준이 아니라 자신의 체험이 기준이 된 '신비주의자'입니다.

물론 우리는 신비를 체험함으로 하나님의 일하심과 능력을 더 확신할 수 있습니다. 그러나 주님 말씀이 안중에 없어지면서까지 신비에 의미를 부여하는 것은 주의를 기울여야 합니다. 신비 그 자체를 나쁘다고 할 수는 없지만, 신비를 자기 방식으로 잘못 추구하면 문제가 되기 때문입니다. 그러니까 기도할 때 벌어지는 신비는 하나님의 뜻으로 드러내신 말씀보다 우위에 있지 않은 것입니다. 신비를 체험한 사람은 그렇지 않은 사람을 '배려할 의무'가 있습니다. 신비주의보다 말씀의 인도에 더욱 집중하도록 말입니다.

> "나더러 주여 주여 하는 자마다 다 천국에 들어갈 것이 아니요 다만 하늘에 계신 내 아버지의 뜻대로 행하는 자라야 들어가리라 그 날에 많은 사람이 나더러 이르되 주여 주여 우리가 주의 이름으로 선지자 노릇 하며 주의 이름으로 귀신을 쫓아내며 주의 이름으로 많은 권능을 행하지 아니하였나이까 하리니 그 때에 내가 그들에게 밝히 말하되 내가 너희를 도무지 알지 못하니 불법을 행하는 자들아 내게서 떠나가라 하리라"(마 7:21-23)

주님은 이적을 행하는 이가 아닌 '주님의 뜻대로' 행하는 이를 칭찬하십니다. 칭찬 정도가 아니라 이것이 천국 문을 결정하는 기준이라고 합니다. 우리는 여기서 우리가 따라야 할 것이 기적이 아닌 주님의 뜻대로 행함임을 알 수 있습니다. 앞서 말씀이 기도의 방향을 제시한다고 했습니다. 그리고 위 말씀을 통해 우리가 따라야 하는 삶의 방향은 '주님의 뜻을 따르는 것'임을 알게 됩니다. 능력과 신비를 좇는 것이 아닌 주님의 뜻을 따르는 것이 우리가 나아갈 방향성이라는 말입니다. 이적은 귀신에게서도 나옵니다(막 5:4).

그리스도인은 주님을 따를 때 삶에서 벌어지는 변화를 가장 큰 기쁨으로 경험하게 되는데, 이때 주님의 마음으로 사물과 사람을 보고, 또 본래 없던 사랑이 주님으로 인해 생겨납니다. 자신의 삶에서 먼저 시작되는 이 변화가 우리에게 가장 값진 일이 됩니다. 그리고 주님을 사랑하고 따르는 그리스도인은 결국 주님께서 '만복의 근원'이시라는 고백을 하게 됩니다. 우리 모두가 보다 성숙한 그리스도인의 기도로 나아가서, 기도의 문이 더욱 활짝 열리기를 원합니다. 기적에 집중함으로 기적의 삶을 살지 않고, 주님을 따름으로 자연스럽게 따라오는 기적의 삶을 살길 원합니다. 1권 '하나님 앞에서 사는 그리스도인'은 여기에서 끝이 납니다. 주님을 따르고 닮아가는 보다 구체적인 기도문은 이어서 2권 '하나님의 성품을 닮아가는 그리스도인'에서 다시 만나 뵙도록 하겠습니다.